AF551050

Katrin Baumann & Steffi Schmat

Klöppeln mit Kindern

Alle Grundlagen – spielend leicht

KLÖPPELN MIT KINDERN

Alle Grundlagen – spielend leicht

BuchVerlag
für die Frau

ISBN 978-3-89798-514-8

2. aktualisierte Auflage 2019

Covergestaltung, Layout und Grafiken: Susanne Weigelt, Leipzig
Fotos: Kathleen Busies, Leipzig (Titel, S. 2, 11, 15, 27, 31, 32, 37, 42, 45, 46, 49, 50, 53, 54, 58, 62, 65, 66, 69, 73, 76, 80, 86, 88, 89, 96);
Andreas Stopp, Aue (S. 7, 8);
Katrin Baumann & Steffi Schmat (alle übrigen Fotos)
Verse und Illustration von „Charlotte Zwirbelzwirn": Katrin Baumann
Klöppelbriefe, Farbcodezeichnungen und technische Zeichnungen: Steffi Schmat
Druck und Bindung: COULEURS Print & More GmbH
Printed in Slovenia

www.buchverlag-fuer-die-frau.de

Inhalt

Charlotte ist schuld – oder wie Phantasien Flügel bekommen

Eigentlich ist an diesem Buch Charlotte Zwirbelzwirn schuld. Wo sie herkam? Keine Ahnung – sie fiel eines Tages einfach vom Himmel.

Wir unterrichten Kinder, junge und etwas ältere, Anfänger und Fortgeschrittene im Klöppeln – auch Klöppellehrerinnen. Dabei lassen wir es uns gerne gut gehen, trinken Tee und Kaffee, essen selbstgebackenen Kuchen, vertiefen uns gemeinsam in die alten Techniken und denken uns neue Muster aus. Diesmal waren wir im Dachzimmer der *Bockscheune*, einer alten Steinscheune in Elterlein im Erzgebirge, die schon viele hundert Jahre auf dem Buckel hat. Hier wird jede Woche geklöppelt, geschnitzt, genäht, gewebt, gestrickt, gestickt, gemalt und getanzt. Wir glauben, ein Zauber liegt über dem alten Haus: ein Handarbeitszauber.

Seit Jahrhunderten schon entstehen durch auf Klöppel gewickeltes Garn ganz verschiedene Spitzen. Ursprünglich wohl in Italien erfunden, ist das Klöppeln eine Kunst, die die Bezeichnung *Handwerk*, *Handarbeitstechnik* oder *Hobby* eigentlich gar nicht verdient, weil

Bockscheune in Elterlein

Barbara-Uthmann-Brunnen in Elterlein

sie weit mehr als das ist. Durch geschicktes Drehen, Kreuzen, Schlingen und Knüpfen von Fäden entstehen filigrane Spitzen – für Fensterschmuck, Anhänger, modische Accessoires, Weihnachtssterne, Klöppelbilder und und und ...
Barbara Uthmann, der man nachsagt, das Klöppeln im Erzgebirge heimisch gemacht zu haben, hieß übrigens vor ihrer Hochzeit Barbara von *Elterlein*. Ihre Familie war hier seit Generationen ansässig, bevor sie nach Annaberg zog. Es ist nicht belegt, ob Barbara in Annaberg oder Elterlein geboren ist – aber das ist auch egal, denn für alle Klöppel-Enthusiasten gibt es keinen Zweifel: Ihr Vermächtnis ist im Erzgebirge seit Jahrhunderten lebendig und wird in Ehren gehalten. Auch von unserem Elterleiner Drechslermeister, der gern ein paar Überstunden schiebt, um Klöppel und Klöppelsäcke zu liefern.

Nach einem schönen Klöppelnachmittag waren wir in der Bockscheune gerade beim Aufräumen. Klöppelsäcke und Garne, alte Spitzen und Musterbriefe wurden wieder eingesammelt, Kaffeetassen abgewaschen, Kuchenteller weggepackt. Wir überlegten laut, dass man jetzt eine Fee bräuchte – woraufhin eine Klöppellehrerin meinte, dass man manchmal auch beim Klöppeln eine Fee bräuchte, die wohlwollend über die Schulter blickt, im richtigen Augenblick einen falschen Klöppelschlag verhindert oder einfach ein paar Tricks verrät.
Sofort nahm die kleine Fee in unserer Phantasie Gestalt an. Und damit auch unsere Buchidee: **Denn so ein richtig farbenfrohes Klöppelbuch für Anfänger – das gibt es bislang gar nicht.** Und es wäre doch prima, wenn darin diese Fee auftaucht, die federleicht durch einzelne Übungen schwebt und hin und wieder Hilfe gibt. Denn das Klöppeln ist doch eigentlich gar nicht so schwer!

Schnell war uns klar, dass unsere kleine Fee Charlotte Zwirbelzwirn heißt. Als hätte sie uns ihren Namen ins Ohr geflüstert. Mit ihrem Kleidchen und dem zerzausten Haar wird sie durch dieses Buch fliegen und mit ihrem freundlichen Wesen alle Projekte begleiten, die mit neuen Mustern, Perlen, Figuren und Garnen frischen Wind in das alte Kunsthandwerk bringen.
Also los: Es ist Zeit, die bunten Garne aus der Kiste zu holen, die Klöppel zu wickeln, frischen Kaffee und Tee zu kochen und den Kuchen auszupacken – denn mit diesem Buch und Charlotte kann nun wirklich gar nichts mehr schiefgehen.

Alles Liebe und viel Spaß wünschen Katrin und Steffi

Bevor es losgeht, noch ein paar wichtige Hinweise:

1. Um euch die Arbeit zu erleichtern, gibt es folgende Hilfsmittel:
Den Klöppelbrief mit schwarzen Linien (im Buch verkleinert abgebildet) könnt ihr kopieren oder in Originalgröße ausdrucken (siehe Download-Link ⬇). Dann ausschneiden, auf eure Klöppelpappe kleben und zum Klöppeln verwenden. Es ist der klassische, gestochene Klöppelbrief.
Die Farbcode-Zeichnung basiert auf einer genialen Idee aus Brügge: Es ist ein international verwendeter Farbcode und wird von allen Klöpplerinnen verstanden. Über alle Sprachgrenzen hinweg zeigt er eindeutig die Arbeitsanleitung für einen Klöppelbrief.
Charlottes Wegweiser haben wir für einige der schwierigeren Objekte als Arbeitsanleitung extra für euch in das Buch aufgenommen. Diese Zeichnung zeigt den Weg der unterschiedlichen Paare in einem Klöppelbrief, unabhängig von den Schlägen.

2. Die Projekte haben unterschiedliche **Schwierigkeitsstufen**, die durch Erdnüsse gekennzeichnet sind. Da aber Erdnüsse sehr einfach zu knacken sind, wird es euch keine großen Schwierigkeiten bereiten.

> *Die wichtigste Regel beim Klöppeln: Geduld, Spaß, Üben und zwischendurch mal Tee trinken!*

3. Den **Zeitaufwand** haben wir mit Teetassen gekennzeichnet. Eine Teetasse entspricht ungefähr einer Stunde. Legt ruhig zwischendrin eine kleine Teepause ein – Klöppeln soll entspannen und Spaß machen.

4. Die Lerneinheiten sind als **Schritte von 1 bis 19** in die Projekte integriert. So lernt ihr klöppeln, während ihr bereits die ersten Projekte gestaltet, wobei jedes Projekt auf das vorhergehende aufbaut.

5. Auf Seite 96 haben wir noch unsere **Adressen** genannt, wo ihr das Zubehör und die benötigten Materialien für das Klöppeln bekommen könnt.

Nicht jeder hat eine Klöppel-Oma, die einfach alles vom Dachboden holen kann. Für die Projekte in diesem Buch haben wir für euch zwei Materialpäckchen zusammengestellt, ein Päckchen mit verschieden Garnen und ein Päckchen mit den Zubehörteilen aus Holz. Ruft an oder schreibt uns einfach.

Aber jetzt geht's los!

ABKÜRZUNGEN UND SYMBOLE

  – Schwierigkeitsgrad

  – Zeitaufwand (in Stunden)

Z – Zeichnung

KB – Klöppelbrief

⬇ – https://buchverlag-fuer-die-frau.de/Unsere-Buecher/Hobby-und-Handarbeiten/Kloeppeln/Mach-mit--Kloeppeln-mit-Kindern.html

FZ – Farbcodezeichnung

DIE GRUNDLAGEN

Was benötigen wir alles für unser Klöppelabenteuer?

WIR BENÖTIGEN:

1. Tischständer oder Bodenständer (sog. „Kuhfuß")
2. Klöppelrolle Größe Nr. 2 oder 1 Flachkissen
3. für den Anfang 20 Paar Hülsenklöppel für die Rolle oder 20 Paar Flachkissenklöppel
4. Garn (entsprechend Angaben im Klöppelbrief)
5. Schachtel à 50 g Stahlstecknadeln 30 × 0,6 mm
6. 10 Umstecknadeln oder Klemmen für das Flachkissen, Stickschere, Vorstecher, Nadelheber und Drücker, Nadelkissen oder Magnet
7. Häkelnadel Nr. 0,5 oder 0,6
8. Schere
9. Klöppelpappe A4
10. entspiegelte Folie
11. Klebestift
12. Feutrex (Klöppelstärke) und 1 Flachpinsel, vielleicht 1 Tempotaschentuch (aber nicht für Tränen)
13. Zubehör für Figuren: 4 bemalte und 2 unbemalte Köpfchen (ø 20 mm)
14. Zubehör für Pferdchen: 2 Holzstäbe (10 cm lang), 4 rote Kugeln, 8 ganz kleine Holzkugeln
15. Zubehör für Armbänder und Hühnchen: mind. 10 kleine durchsichtige Perlen, 9 ovale Perlen
16. **gute Laune und Lust auf das Abenteuer Klöppeln**

✎ *Im Grunde ist es egal, ob ihr mit der eher traditionellen Klöppelrolle oder mit einem Flachkissen arbeiten möchtet – entscheidet euch für die Variante, die in eurer Heimat gebräuchlich ist oder euch am besten gefällt. Alle Schritte sind für Rolle und Flachkissen erklärt.*

12
5
11
2
15
1
6
14
3
10
13
4
9
Pritt
Apprêt Durtex
Erzgebirgische
KLÖPPELPAPPE
Format : 330x390 mm
Dicke : 0,30 mm

Schritt 1: Aufwickeln des Garns auf die Klöppel

Das Garn auf die Klöppel zu wickeln ist keine Hexerei! Einfach die folgenden Schritte befolgen (für die **Klöppelrolle** verwenden wir Hülsenklöppel):

1. Den Klöppel wie auf der Zeichnung gezeigt halten und das Garn über das Köpfchen wickeln. Den Faden mit dem Anfang nach oben zeigend an den Klöppel legen [1] und das Garn mehrfach um den Kopf drehen [2]. Dabei den Fadenanfang mit den Wicklungen befestigen. Z1

2. Nun die Hülse über den Kopf schieben, der Faden ist durch [3]. Jetzt kann das Garn (etwa 1 Meter) aufgewickelt werden.

3. Achte auf die Richtung! Den Klöppel so halten, dass der untere Teil des Klöppels nach links zeigt. Nun den Fadenanfang wieder nach oben legen und mit dem Wickeln beginnen. Z2 Dabei darauf achten, den Fadenanfang zu befestigen! [4] Wenn das Garn aufgewickelt ist, die Hülse auf den Klöppel schieben.

4. Damit mit dem Klöppel gearbeitet werden kann, kommen noch 2 Schlaufen über das Köpfchen: Klöppel mit dem Kopf nach links in der rechten Hand halten. Die Garnrolle liegt auf dem Tisch. Die linke Hand mit dem Handrücken an das Garn führen und den Faden um die linke Hand wieder zum Handrücken heben. Den Kopf des Klöppels nun 2 mal um das Fadenende schlingen, an dem sich die Garnrolle befindet. Z3 [5] Etwa 1 Meter Garn abschneiden und den

[1]

[2]

[3]

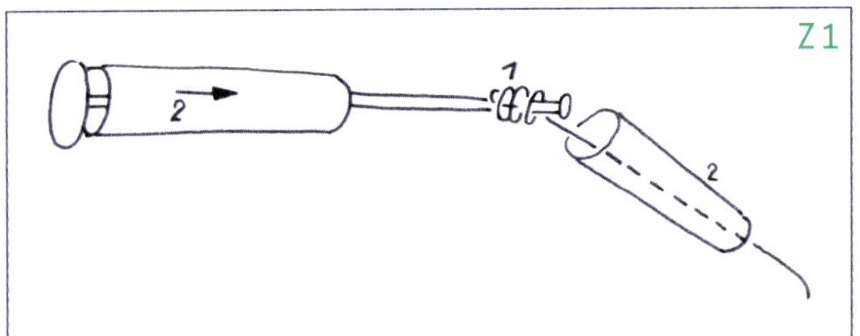

Z1

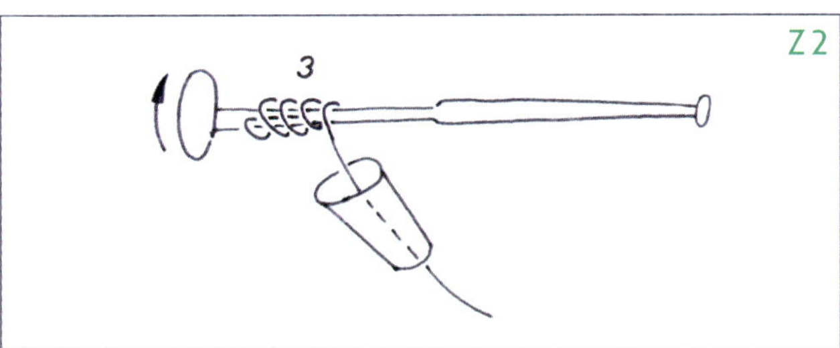

Z2

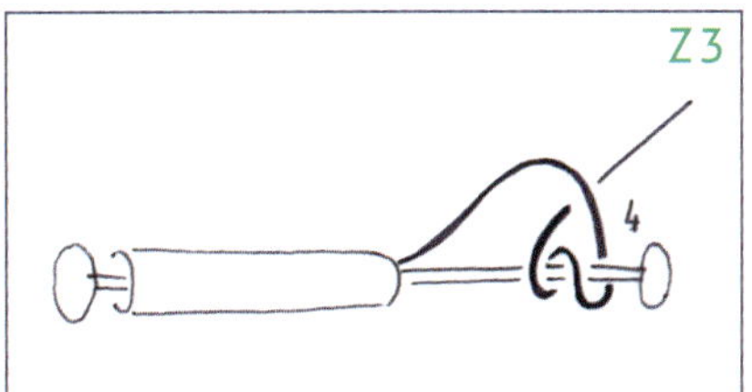

zweiten Klöppel gegengleich aufwickeln: Das heißt: Der erste Klöppel wird von links bis zur Hälfte des gesamten Garns gewickelt, der zweite Klöppel von rechts bis zur Mitte. Unser erstes Paar ist fertig!

Du benutzt ein **Flachkissen**? Das funktioniert ebenfalls prima, dafür müssen wir aber andere Klöppel benutzen, und auch das Garn wird anders aufgewickelt:

1. Klöppel in der linken Hand halten. Der Kopf des Klöppels zeigt nach rechts. **Z4**

2. Den Faden vorn an den Klöppel legen, so dass das Fadenende nach unten zeigt.

3. Mit dem Wickeln beginnen. Das Garn sollte möglichst dicht unterhalb des Köpfchens aufgewickelt werden, dann hält die Schlaufe besser. **[6]**

4. Wenn 1 Meter Garn aufgewickelt ist, die Schlaufe zum Befes-

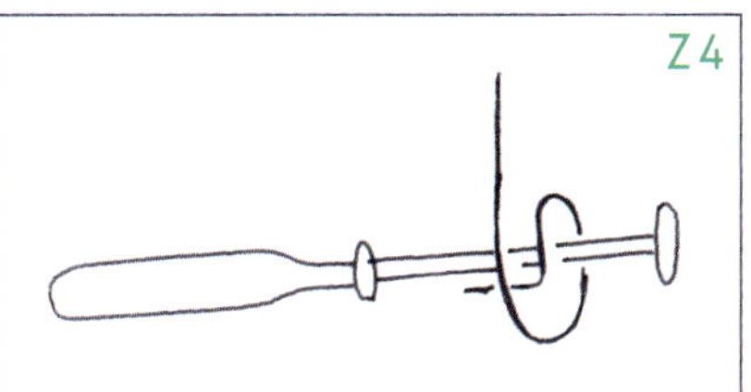

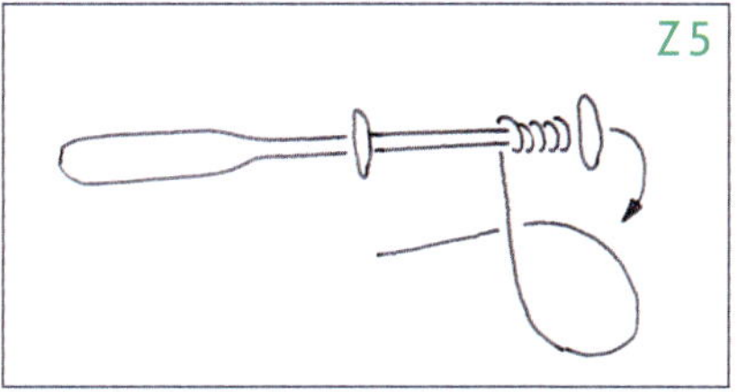

tigen des Fadens arbeiten: Dafür den Klöppel senkrecht halten, der Kopf zeigt nach oben. Nun mit dem Fadenende 1 Schlaufe legen.

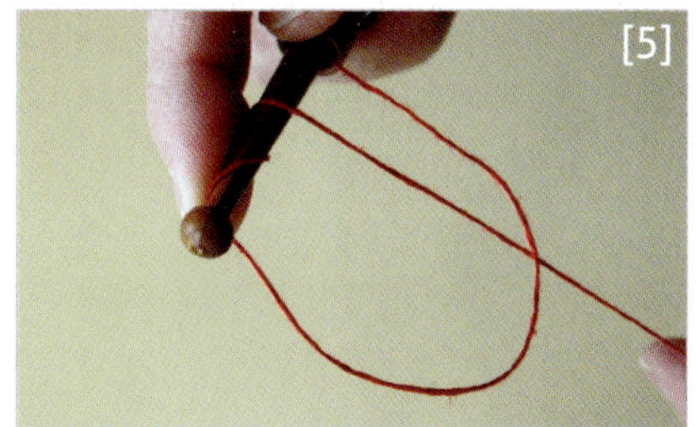

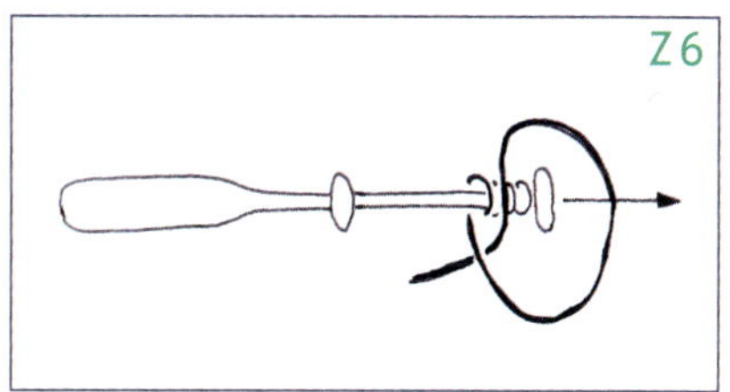

Durch diese von hinten das Köpfchen des Klöppels hindurchführen. **Z5 + Z6 [7]**

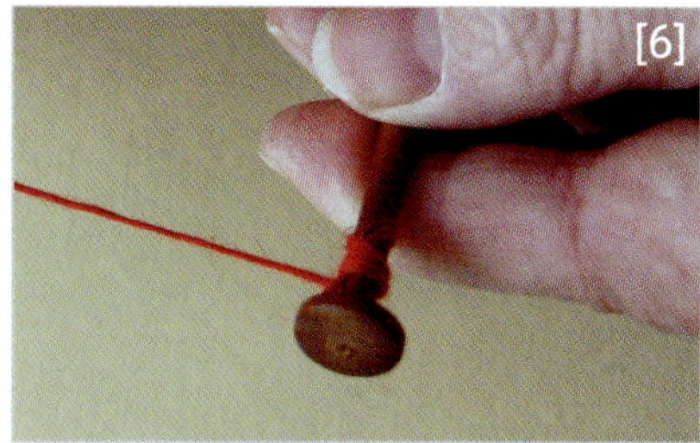

Schritt 2: Klöppel-Grundbewegungen

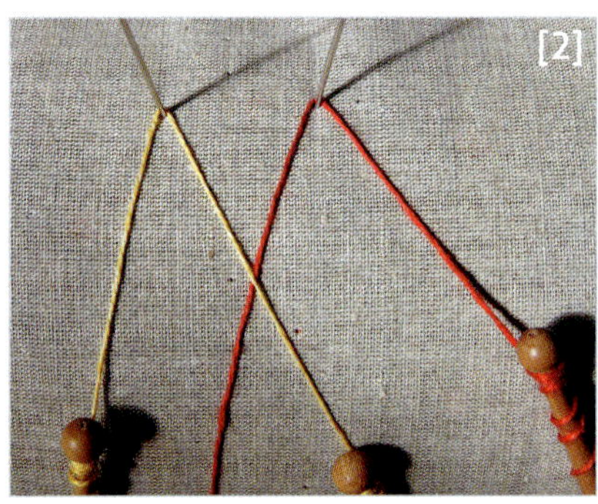

Die Grundbewegungen beim Klöppeln sind bei Rolle und Flachkissen gleich. Mit unserem ersten Klöppelpaar können wir **die erste Grundbewegung, das Drehen**, arbeiten. **[1]**

Dafür den rechten Faden über den linken legen. Das könnt ihr beliebig wiederholen. Gedreht wird immer innerhalb eines Paares. Z7

In der Zeichnung erkennt ihr die zusätzlichen Drehungen an diesen Strichen. Alle klöppeltechnisch bedingten Drehungen werden *nicht* extra in den Farbcode-Zeichnungen angegeben. Z8

Wickelt euch nun bitte 1 weiteres Paar Klöppel nach der Anleitung in Schritt 1. Wenn wir 2 Paare in der Mitte kreuzen, wird damit die zweite Grundbewegung gearbeitet: **das Kreuzen**. **[2]**

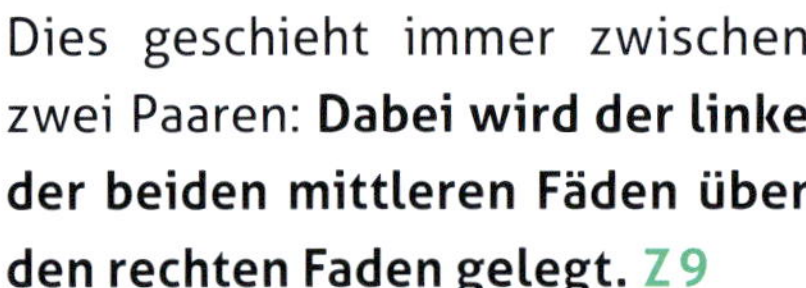

Dies geschieht immer zwischen zwei Paaren: **Dabei wird der linke der beiden mittleren Fäden über den rechten Faden gelegt.** Z9

Nun kennt ihr eigentlich schon das ganze Geheimnis des Klöppelns: **Es ist ein paarweise ausgeführtes Drehen und Kreuzen von Fäden!** Ihr müsst nur noch wissen, wann gedreht und wann gekreuzt werden muss.

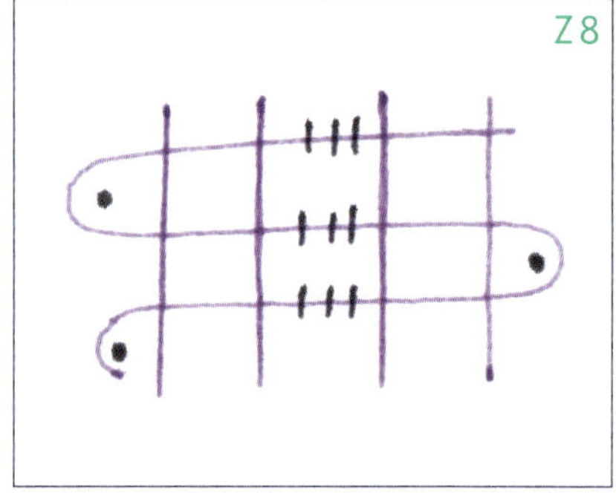

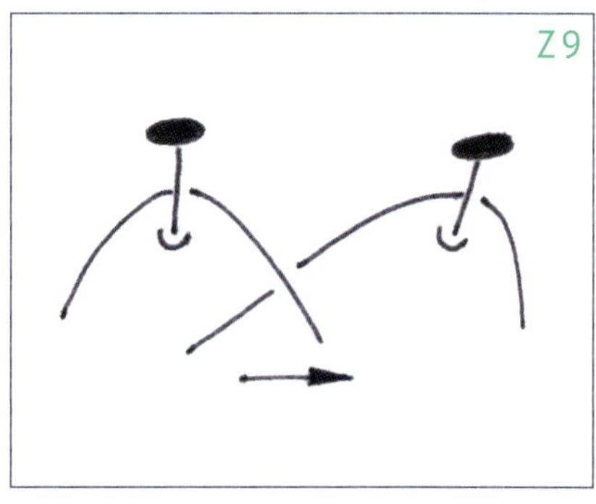

KLÖPPELN LERNEN SCHRITT FÜR SCHRITT – MIT ERSTEN KLEINEN PROJEKTEN

Habt ihr Lust, bereits mit einem ersten Projekt zu starten? Aus Erfahrung wissen wir, dass das kein Problem sein sollte.

Gänseblümchen auf der Wiese

Blümchen auf der Wiese
pflück ich für die Liese,
winde einen Kranz,
geh mit ihr zum Tanz.

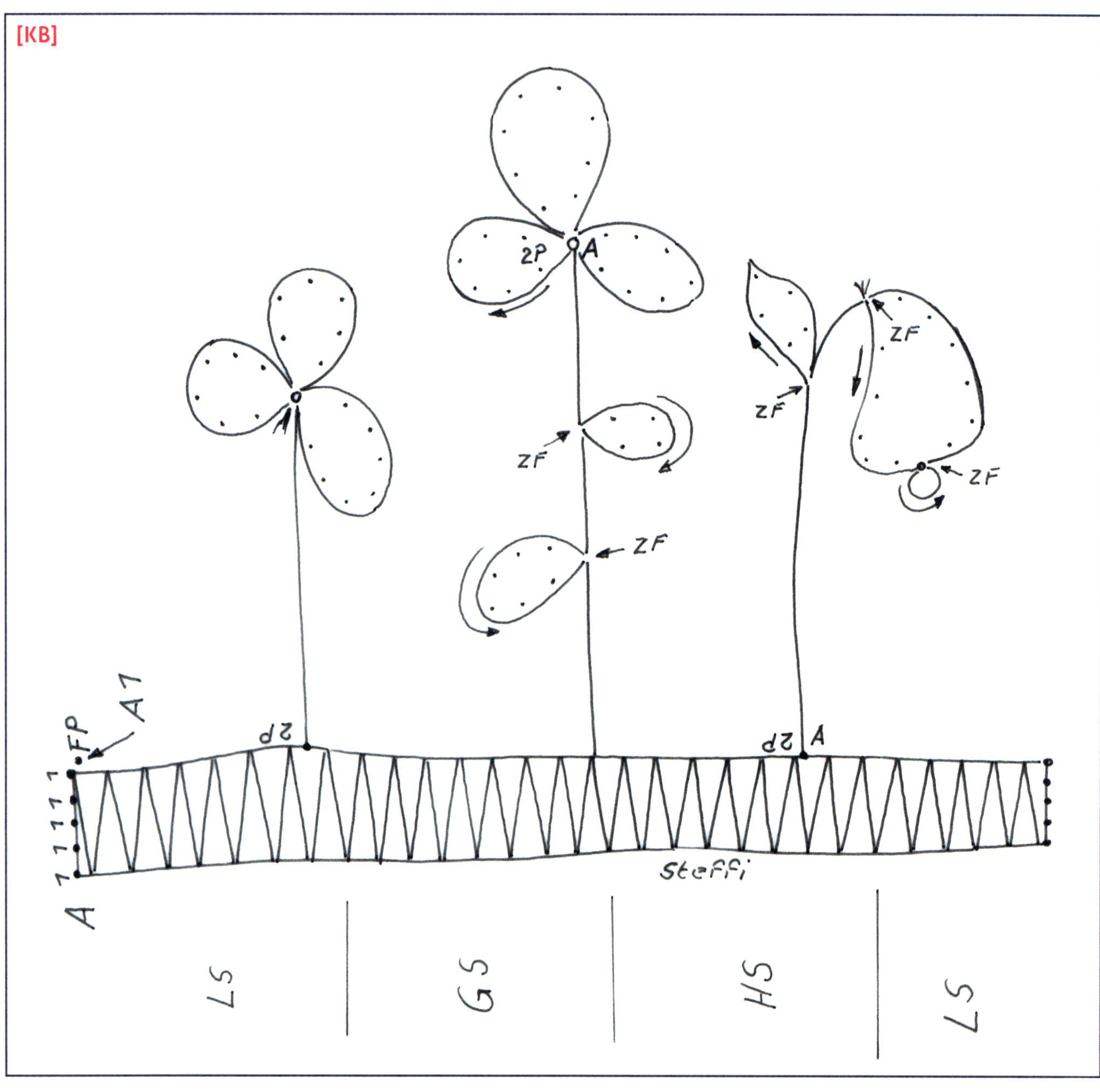
[KB]
2P
A
ZF
ZF
ZF
ZF
ZF
ZF
FP
A1
2P
2P
A
A
steffi
LS
GS
HS
LS

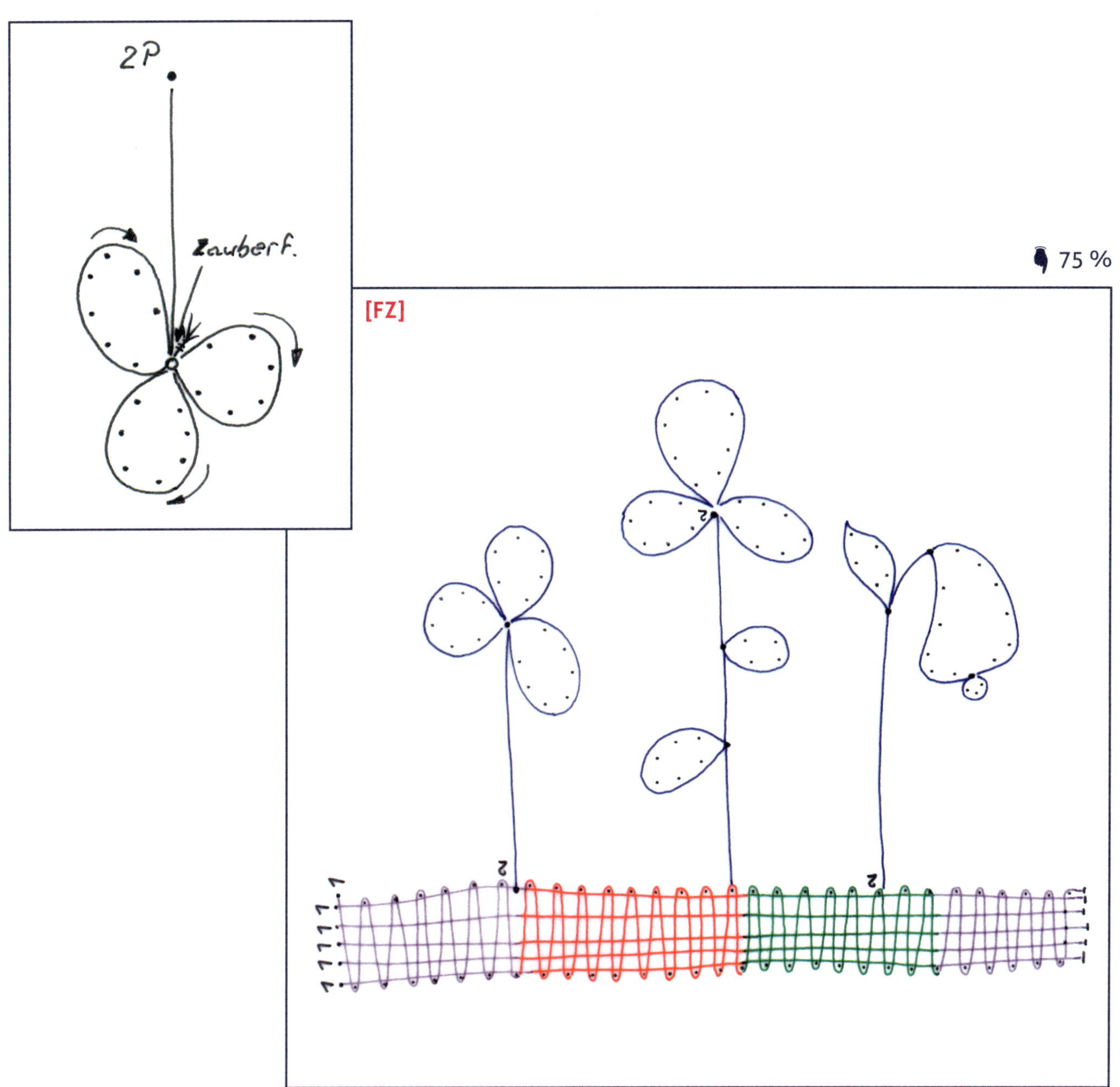
2P
Zauberf.
75 %
[FZ]

Schritte 3 bis 6: Klöppelbrief erstellen – Flechter – Zauberfaden – Schlingknoten

Gänseblümchen

Schwierigkeitsgrad: 

Zeitaufwand: 

WIR BENÖTIGEN:

- Klöppelbrief „Wiese" und dazugehörige Farbcodezeichnung
- 2 Paar Klöppel
- Garn: Goldschild Leinengarn Nel 50/3
- evtl. 1 Klöppel mit Wollfaden
- Stecknadeln 0,6 mm
- 1 Stickschere
- Feutrex zum Stärken
- **ganz wichtig: 1 Zauberfaden** (Leinenfaden Nel 50/3, 30 cm lang), an den Enden mit 1 Knoten verbunden

Jetzt benötigen wir unseren ersten Klöppelbrief! Ich zeige euch, wie ihr aus einer Vorlage einen Klöppelbrief macht, mit dem ihr arbeiten könnt.

UND SO WIRD'S GEMACHT:

Schritt 3: Erstellen eines Klöppelbriefs aus einer Vorlage

1. Vorlage (Kopie des Klöppelbriefs) entlang der gekennzeichneten Linie ausschneiden.
2. Den Ausschnitt mit nur ein paar Klebestiftpunkten auf der Pappe befestigen. Diese wiederum etwas größer ausschneiden als die Vorlage (etwa 5 mm).
3. Darauf die Folie wiederum 5 mm größer setzen. Die Folie ein Stück von der Rückseite lösen und auf dem Brief befestigen. Dann vorsichtig den Rest der Rückseite abziehen. Darauf achten, dass keine Falten entstehen!
4. Nun die Ecken der Folie im rechten Winkel abschneiden. Überstände nach hinten umschlagen.
5. Klöppelbrief mittig auf Rolle oder Flachkissen legen und mit Stecknadeln befestigen.

Schritt 4: Flechter

Und es kann losgehen! Jetzt klöppelt ihr eure erste Blume.

1. Am ersten Punkt beide Paare über die Nadel legen: Mit dem ersten Paar beginnen.
2. Dann das zweite Paar wie folgt über die gleiche Nadel legen: 1 Klöppel liegt in der Mitte, der andere links außen. Die Fäden sollten **immer** gleich lang sein. [1]
3. Jetzt in der Mitte kreuzen, links drehen, rechts drehen, in der Mitte kreuzen. Diese Bewegungen immer wiederholen: **links drehen, rechts drehen, in der Mitte kreuzen. Danach fest anziehen.** Dabei bilden die äußeren Fäden eine Waagerechte und die Kreuzungsstelle liegt genau in der Mitte.

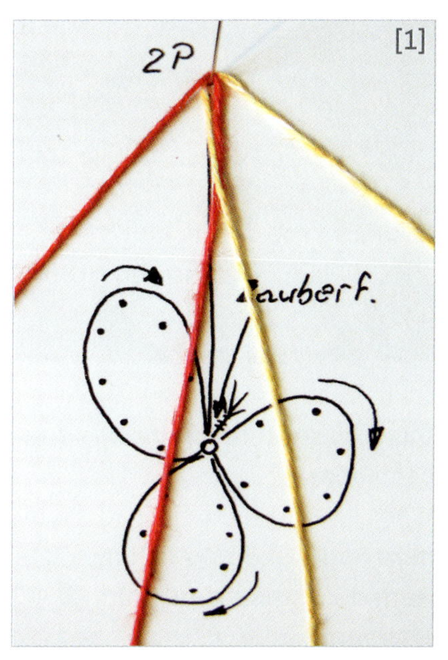

4. Auf diese Weise wird der **Flechter Z10** bis zum nächsten Nadelpunkt gearbeitet. Wenn der Faden zu kurz wird, in den „Klöppelnotdienst" schauen (S. 92). Dort haben wir einige Kniffe zusammengetragen.

*Der **Flechter** wird in der Farbcodezeichnung immer mit **Blau** gekennzeichnet.*

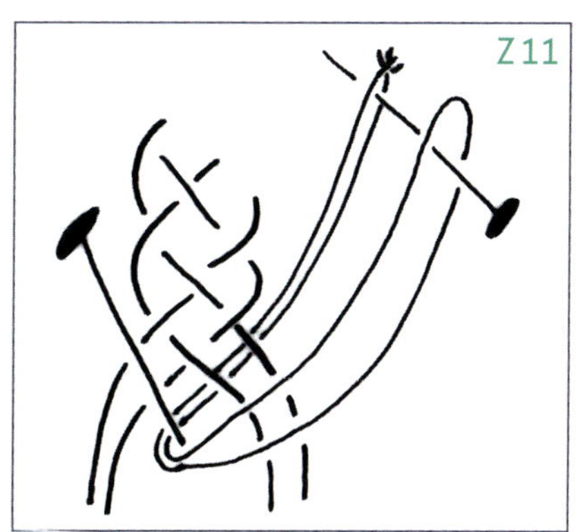

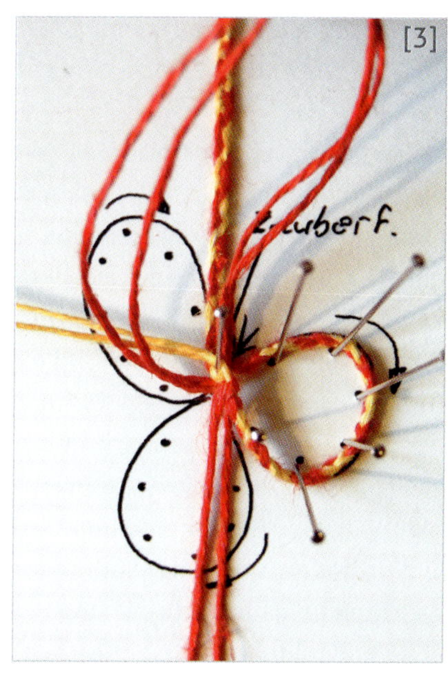

Schritt 5: Zauberfaden

Das Einlegen des Zauberfadens

Wir sind am nächsten Nadelpunkt angelangt: Hier wird der Zauberfaden eingelegt. **[2]**

☛ Das geht wie folgt:

1. Zauberfaden mit einer Nadel befestigen. **Z11**

2. Die beiden Fadenenden des Zauberfadens so legen, dass sich die beiden **rechten Fäden** des Flechters unter dem Zauberfaden befinden. Die beiden **linken Fäden** des Flechters liegen oberhalb des Zauberfadens. **[3]**

3. Nun den Zauberfaden mit 1 Nadel auf dem Klöppelsack befestigen.

4. Flechter weiterarbeiten. Wenn die Blüte einen Wollfaden bekommen soll, jetzt den Wollklöppel mit 1 Knoten und 1 Nadel auf dem Rand des Briefes befestigen. Den Wollklöppel zu den beiden linken Fäden des Flechters legen. Dafür 1 der beiden mit Leinengarn gewickelten Klöppel nach hinten weglegen. Die beiden Fadenenden (1 Wollfaden und 1 Leinenfaden) werden am Schluss abgeknotet.

5. Die Punkte auf dem Klöppelbrief zeigen die Positionen der zu steckenden Nadeln. Flechter um diese Punkte legen.

Mehrfache Nutzung des Zauberfadens

1. Wenn der Flechter wieder an die innere Nadel stößt, Flechter über die Nadel legen (2 Fäden links und 2 Fäden rechts).

2. Zauberfaden wie oben beschrieben verwenden. 2 der Flechterpaare liegen wieder über dem Zauberfaden und 2 darunter. Blüte bis zum Endpunkt arbeiten. **[4+5]**

[4]

[5]

[6]

Das Anhäkeln mit Hilfe des Zauberfadens

Wenn wir das letzte Mal an die innere Nadel und somit an den Zauberfaden stoßen, beginnt er zu „zaubern"...

☛ Charlotte zeigt, wie es geht:

1. Wie im Bild den linken Klöppel des linken Paares durch die Schlaufe des Zauberfadens stecken. **[6+7]**

2. Nun diese Schlaufe **[8+9]** auf die andere Seite ziehen. Es entsteht 1 neue Schlaufe vom Faden des Klöppels. **Z 12**

3. Durch diese Schlaufe die anderen drei Klöppel stecken und Schlaufe festziehen. Der Zauberfaden hat seine Aufgabe erfüllt und kann jetzt entfernt werden. **[10] Z 13**

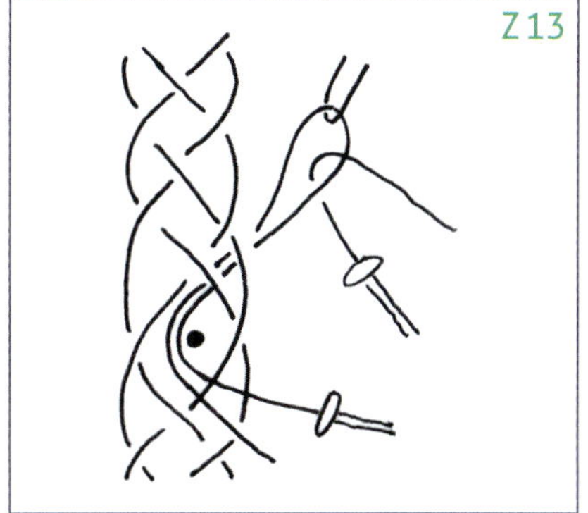

Schritt 6: Schlingknoten

Unsere erste Blüte ist fast fertig! Die Fäden müssen nur noch so vorbereitet werden, dass sie abgeschnitten werden können, ohne dass das Klöppelstück wieder aufgeht. Das nennt man **Verknüpfen**.

Und so geht's:

1. 1 der 3 Klöppel, der durch die Schlaufe gesteckt wurde, ist der **Verknüpfklöppel**. Den Faden dieses Klöppels verlängern wir auf ca. 15 cm.

2. Mit den anderen 3 Klöppeln die Fäden zu 1 Bündel halten und den Verknüpfklöppel wie im Bild gezeigt um dieses Fadenbündel schlingen. **Z 14 [11+12+13]**

3. 4 × wiederholen – dann können alle Fäden abgeschnitten werden.

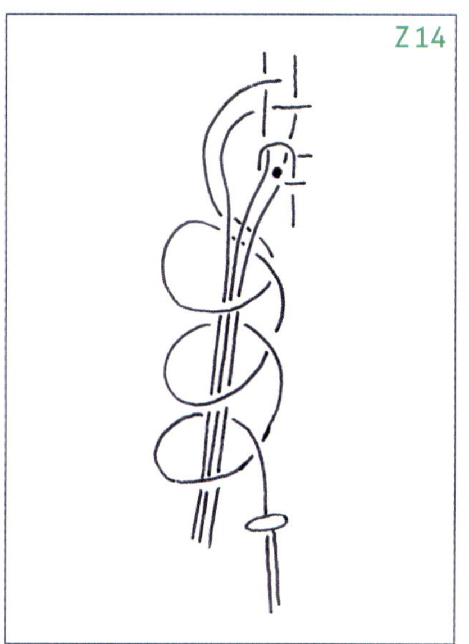

[11]

[12]

[13]

✎ *Euer erstes geklöppeltes Blümchen ist fertig! Sieht es nicht schön aus? Und es war gar nicht schwer! Aber unser Gänseblümchen möchte bestimmt viel lieber auf einer bunten Wiese stehen ...*

Schritt 7: Grundschläge

Bunte Wiese

Schwierigkeitsgrad: 

Zeitaufwand: 

WIR BENÖTIGEN:

- Klöppelbrief „Wiese" und dazugehörige Farbcodezeichnung
- 6 Paar Klöppel
- davon 2 Paar mit je 1 Klöppel mit Wolle und 1 mit Leinen gewickelt; diese einzeln gewickelten Klöppel mit 1 Knoten verbinden, so dass 1 Paar entsteht
- Garn: 1 Rolle Goldschild Leinengarn Nel 50/3 (ca. 1 m pro Klöppel)
- Wolle nach Geschmack
- Stecknadeln, Stickschere
- 1 Klebepunkt, Klöppelpappe, Klebestift, Papierschere, Folie

☛ **UND SO WIRD'S GEMACHT:**

1. Am Punkt A die **Risspaare** (d. h. alle senkrecht laufenden Paare) über die dafür vorgesehenen Nadeln hängen. **Z 15** Die äußeren Paare werden die Paare, die wir mit Wolle bewickelt haben.

✎ *Die Wiese wurde mit extra kräftigem Garn geklöppelt, damit auf den Fotos die Grundschläge gut zu erkennen sind. Es kann also nichts schiefgehen!*
Bei den Grundschlägen unterscheiden wir zwischen Rolle und Flachkissen: *An der Rolle arbeiten wir mit der* ***offenen Methode****, am Flachkissen mit der* ***geschlossenen Methode****.*
Das bedeutet: An der Rolle legen wir die Klöppel immer ungedreht ab, am Flachkissen jedoch gedreht.

✎ *Wenn dich die extra Wollklöppel verwirren: Deine Wiese wird auch nur mit Leinengarn sehr schön!*

2. Am Punkt A1 kommt zum ersten Mal 1 **Führpaar (dieses Paar**

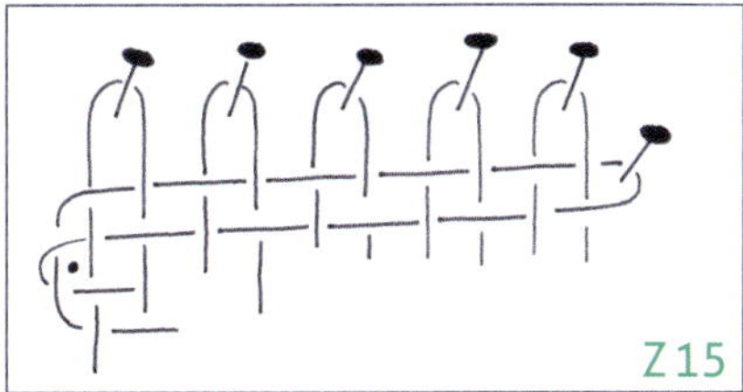

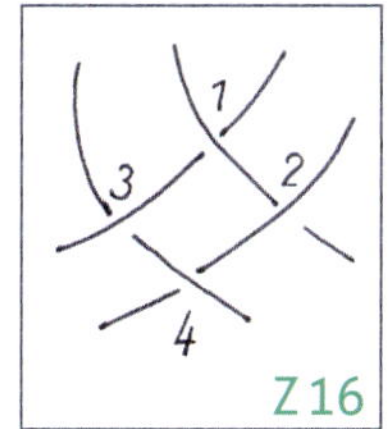

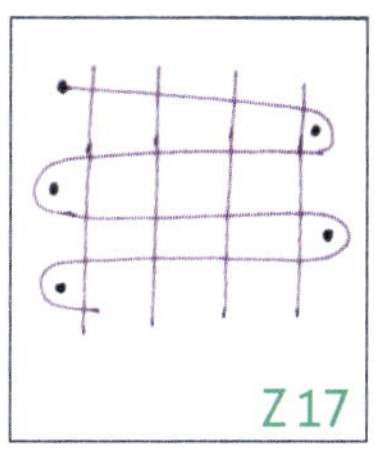

verbindet alle senkrecht verlaufenden Fäden miteinander) zum Einsatz. Dieses wandert von einer Seite auf die andere und verbindet dabei alle Risspaare miteinander. Dies geschieht mit Hilfe von insgesamt 3 Grundschlägen.

3. Dieses Führpaar mit 1 Klebepunkt auf der Hülse markieren. So verliert man es auf seiner „Wanderung" von rechts nach links nicht aus den Augen. **[1]**

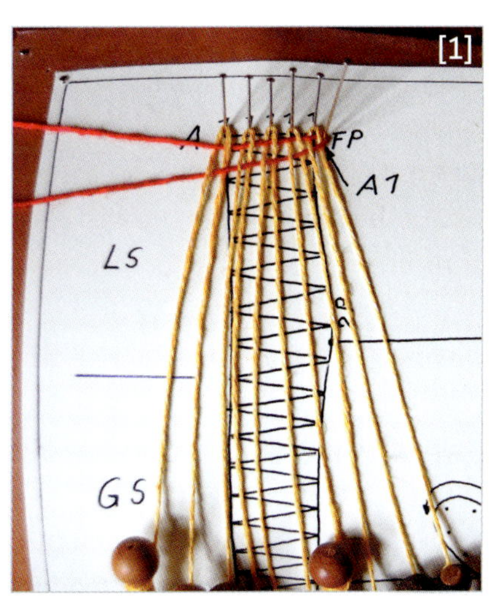

Schritt 7: Grundschläge

Der Leinenschlag

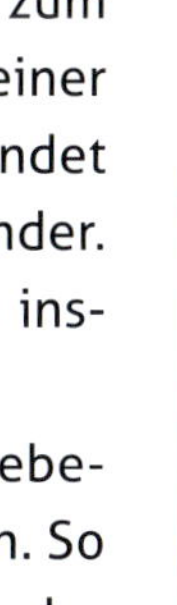

✎ Zähle die Nadelpunkte auf deiner Farbcodezeichnung ab, bis sich die Farbe auf der Zeichnung ändert. Nun zähle die gleiche Anzahl der Nadelpunkte auf deinem Brief ab und stecke eine Nadel.
Auf der Rolle helfen dir Umstecknadeln, für Ordnung zu sorgen. Jedes Paar wird mit einer solchen Nadel weggehängt. Das heißt: Wir stecken 1 Nadel auf die Rolle und legen das Paar darüber.

1. Wir arbeiten zunächst den Leinenschlag. Er ist im Farbcode Lila gekennzeichnet. Man arbeitet den Leinenschlag auf der Rolle und auf dem Flachkissen gleich: Die Reihenfolge der Grundbewegungen ist identisch.

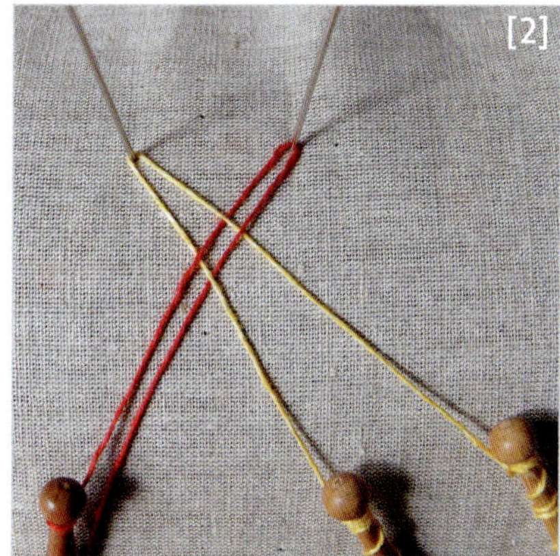

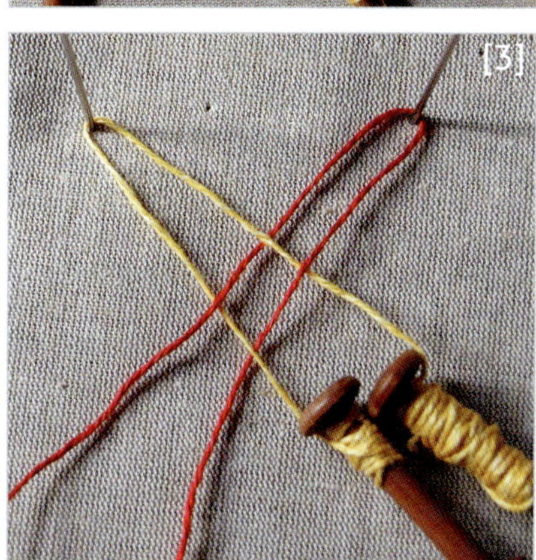

Wie im Bild zu sehen, wird mit dem Führpaar und dem ersten Risspaar gearbeitet: in der Mitte kreuzen, links drehen, rechts drehen und noch 1 × in der Mitte kreuzen. **Z16+Z17** **[2+3]** Fertig ist unser erster Leinenschlag! Wiederholen, bis alle Paare gearbeitet sind.

2. Jetzt wird die erste **Randnadel** gesteckt: **[4]** leicht schräg nach außen und oben. Über diese Nadel das Führpaar legen. Nur beim Leinenschlag folgen nach der Nadel immer 2 Drehungen mit dem Führpaar, bevor der nächste Leinenschlag gearbeitet wird. [5] Z 18

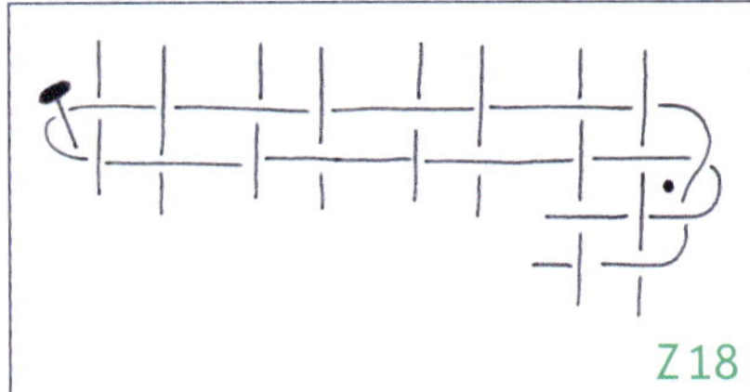

3. Nun erscheint die **Farbe Rot** auf der Farbcodezeichnung. Es ist die Farbe für den zweiten Grundschlag. Z 20

Der Ganzschlag [6]

Hier unterscheiden sich die Arbeitsweisen für Rolle und Flachkissen.

> ***Steffi:*** *Da Katrin und ich aus dem Erzgebirge stammen, wo die Rolle das übliche Arbeitsgerät ist, beginne ich meine Erklärung mit der Rolle. Dies soll aber keine Wertung darstellen! Ich arbeite auch total gern mit dem Flachkissen!*

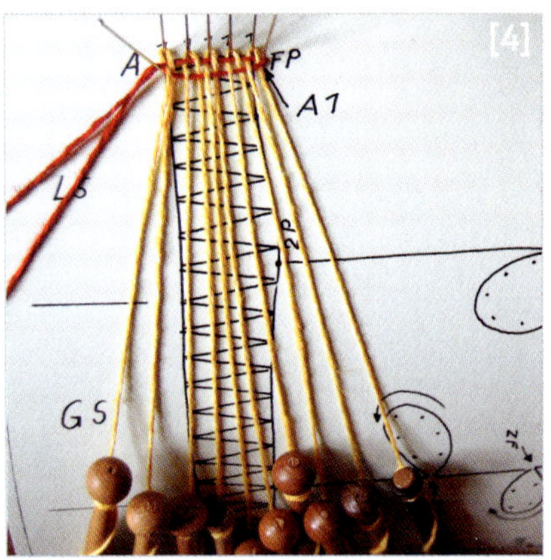

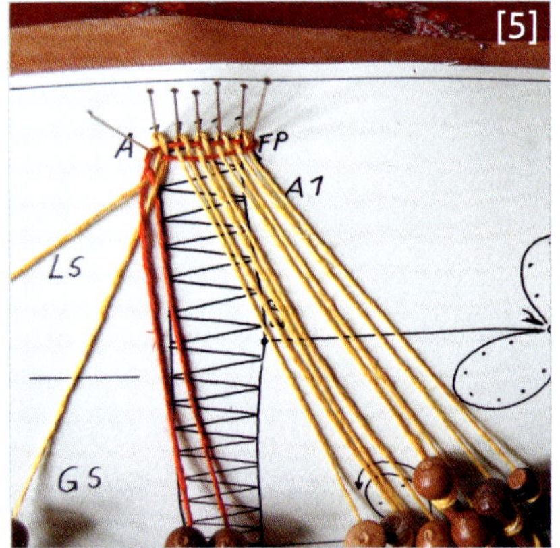

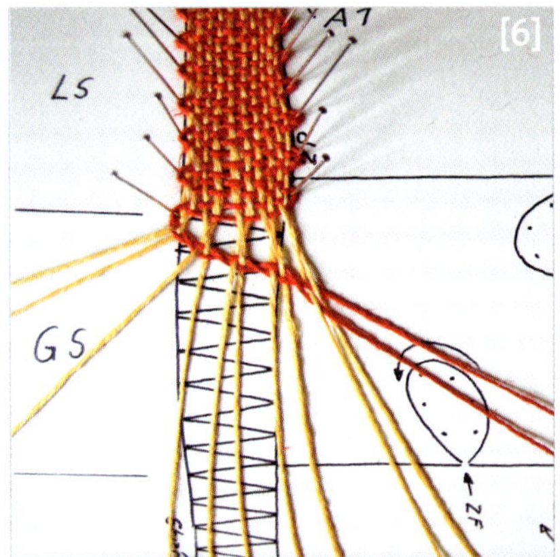

1. An der Rolle: [7] Links drehen, rechts drehen, in der Mitte kreuzen, links drehen, rechts drehen, in der Mitte kreuzen. Z 19

Am Flachkissen: [8] In der Mitte kreuzen, links drehen, rechts drehen, in der Mitte kreuzen, links drehen, rechts drehen. Z 21

2. Fertig ist unser erster **Ganzschlag**! So lange arbeiten, bis das

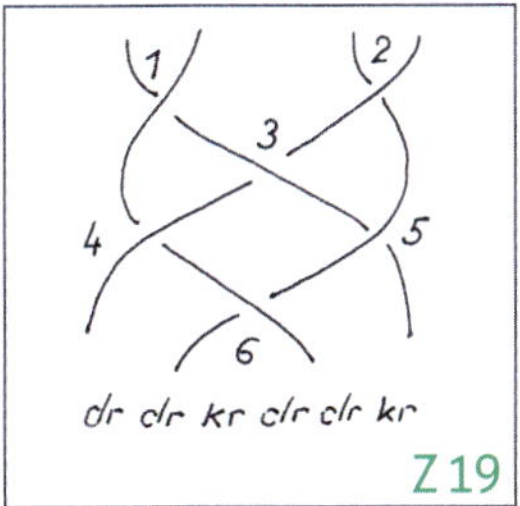

Z 19

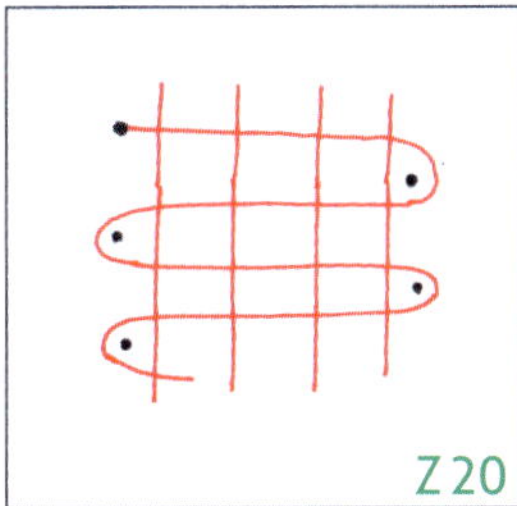
Z 20

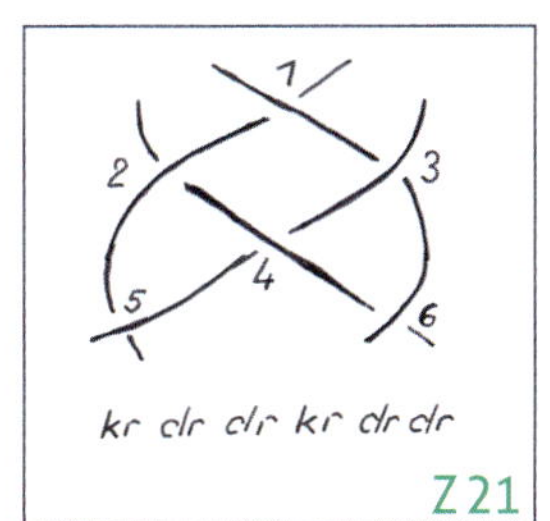

Z 21

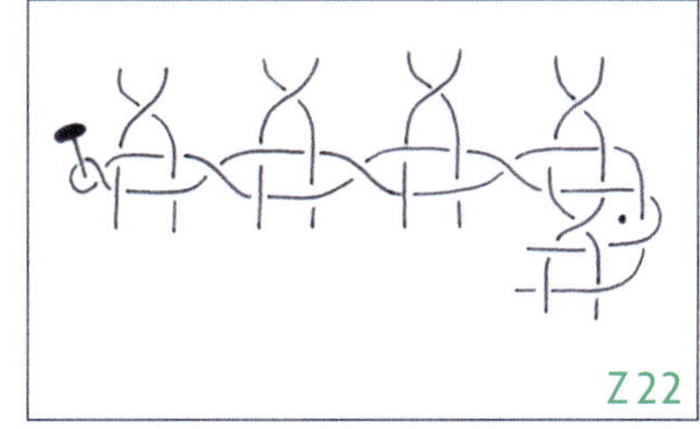
Z 22

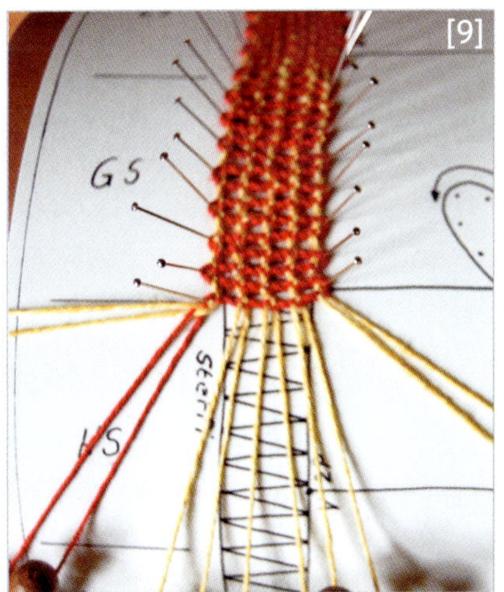

[9]

Führpaar alle Risspaare verbunden hat. Nach der Nadel das Führpaar bei diesem Grundschlag **nicht** 2 × drehen; es folgt gleich der nächste Ganzschlag. **Z 22**

3. Ab jetzt sehen wir die **Farbe Grün** auf unserer Farbcodezeichnung. Sie kennzeichnet den dritten und letzten Grundschlag.

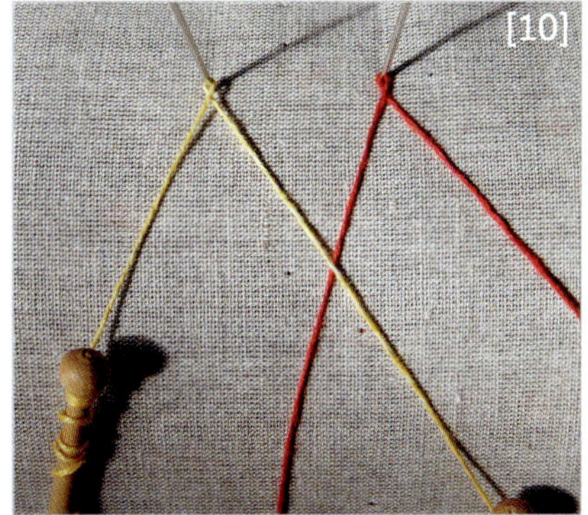
[10]

[11]

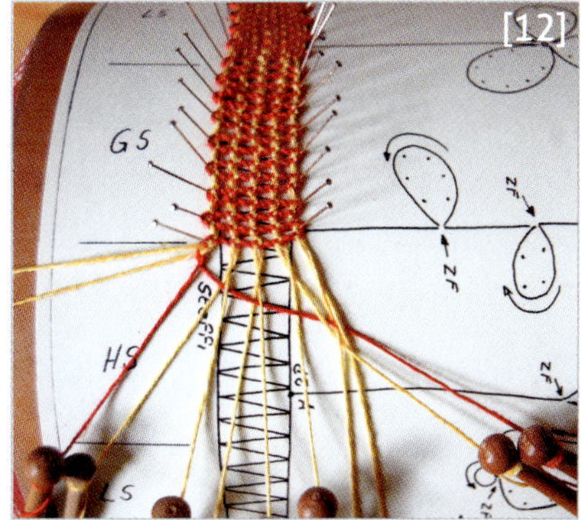

[12]

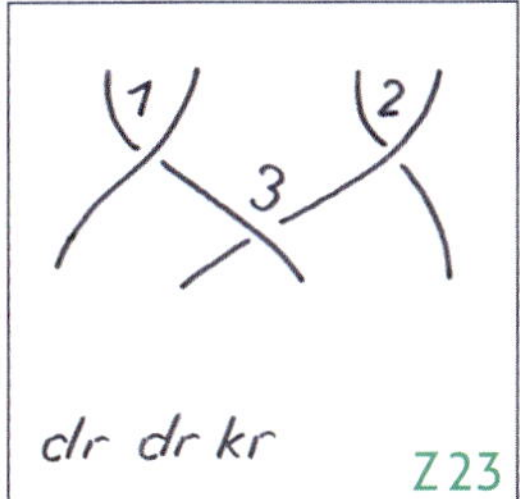

Z 23

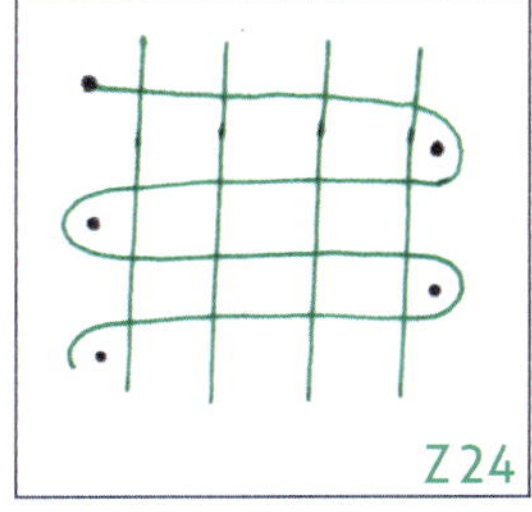
Z 24

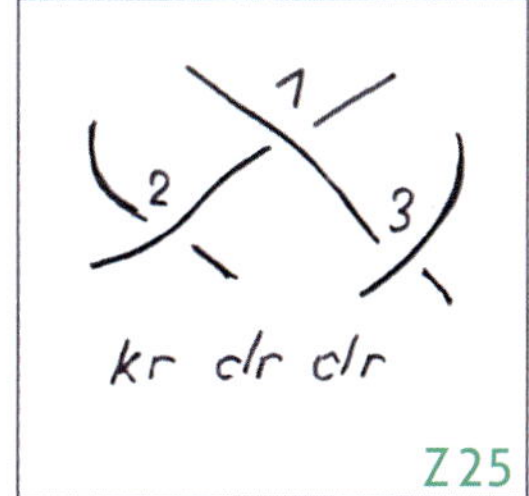

Z 25

Der Halbschlag [9]

1. An der Rolle: [10] Links drehen, rechts drehen, in der Mitte kreuzen. **Z 23 + Z 24**

Am Flachkissen: [11] In der Mitte kreuzen, links drehen, rechts drehen. **Z 25**

2. Dieser Grundschlag ist der schwierigste. Ab jetzt kann das Führpaar nicht mehr markiert werden, da immer nur 1 Faden des Führpaars bei diesem bleibt. Der andere wechselt zum Risspaar. **[12+13]**

Nicht traurig sein, wenn dir der Halbschlag nicht gleich gelingt. Einfach noch einmal versuchen! Es ist eben noch keine Klöppelmeisterin vom Himmel gefallen.

3. Mit den **Randpaaren**, wie in der Farbcodezeichnung gekennzeichnet, den Ganzschlag weiterarbeiten.

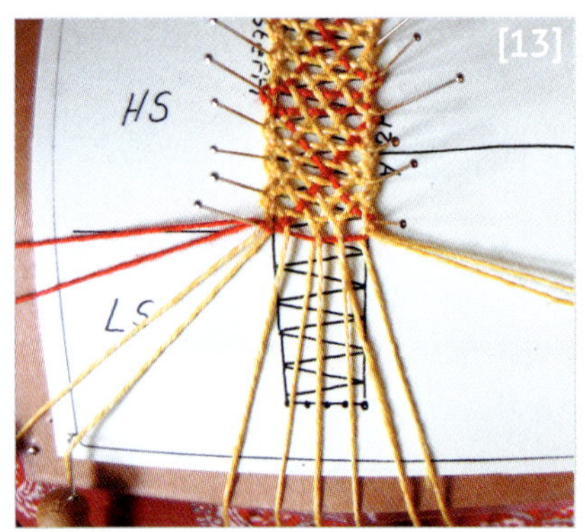

Fertigstellung der Wiese

1. Die Wiese bis zum Ende arbeiten.

Nun die Fäden für das Abschneiden vorbereiten: Es werden immer 2 Paare wie bei der Blüte verknüpft. **[14]** Die Blüten/Blumen für die Wiese klöppeln (siehe Anleitung Blüte, S. 18ff.). Für die Blüten kann zu Beginn der Wiese 1 Klöppel mit Leinengarn nach hinten weggelegt und dafür 1 Wollklöppel zu den Flechterpaaren hinzugenommen werden.

Das Stärken

2. Die Wiese mit Feutrex stärken: Mit einem Flachpinsel die Stärke vorsichtig auftragen. Von ihr darf nicht zu viel aufgetragen werden, sonst verkleben die Fäden und die Wiese sieht nicht mehr schön aus.

✎ Ist dir doch einmal aus Versehen zu viel Stärke auf die Arbeit geraten, einfach mit einem Küchentuch aufsaugen!

3. Nach Belieben können noch Trockenblumen oder Gräser eingelegt werden – **fertig ist unser erstes Klöppelprojekt!**

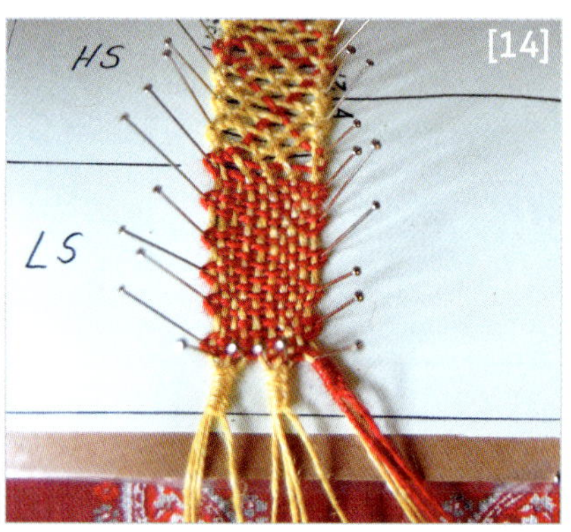

Die Wiese ist fertig? Glückwunsch! Damit kennst du nun auch schon die Grundbewegungen:

- ***Drehen** und **Kreuzen**,*
- *den daraus entstehenden **Flechter** und*
- *die drei Grundschläge **Leinenschlag**, **Ganzschlag** und **Halbschlag**.*

Das ist alles, was du wissen musst, um die folgenden Briefe arbeiten zu können! Diese sind mit Schwierigkeitsgraden versehen. Am besten mit den einfacheren beginnen, damit du dir die Freude am Klöppeln bewahrst. Und ich werde sowieso weiterhin mit Rat und Tat zur Seite stehen. Ist doch klar!

Ohrring mit Farbentreppen

*Himmelsschmuck aus Dunst
und Licht,
drauf spazieren kann man nicht,
aber in die Wolken schauen,
und sich selbst ein Luftschloss bauen.*

Schwierigkeitsgrad:  

Zeitaufwand:   

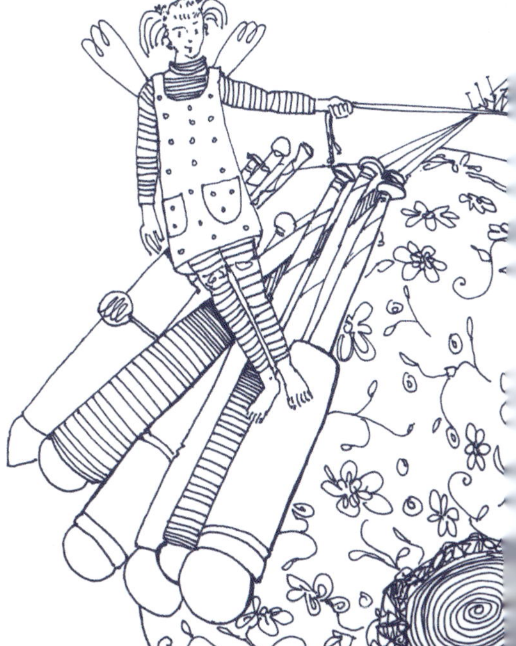

60 %

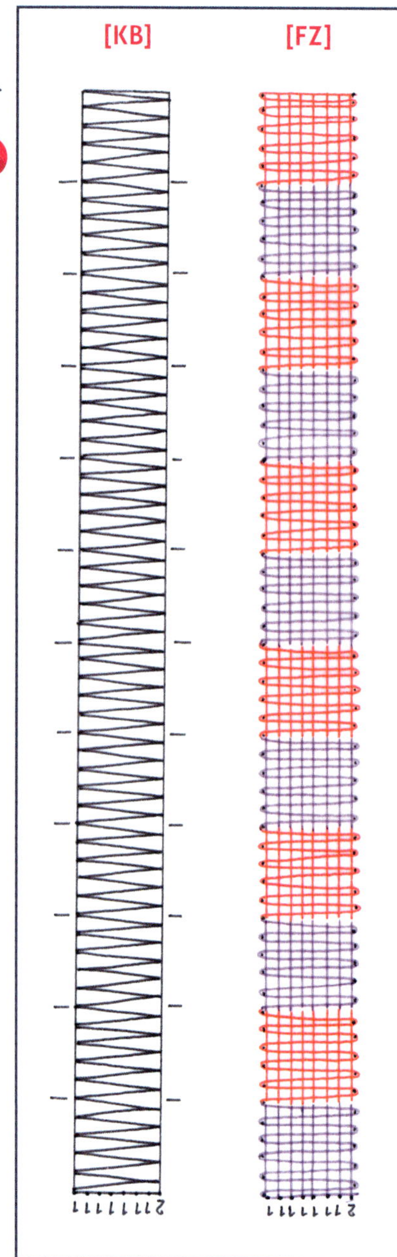

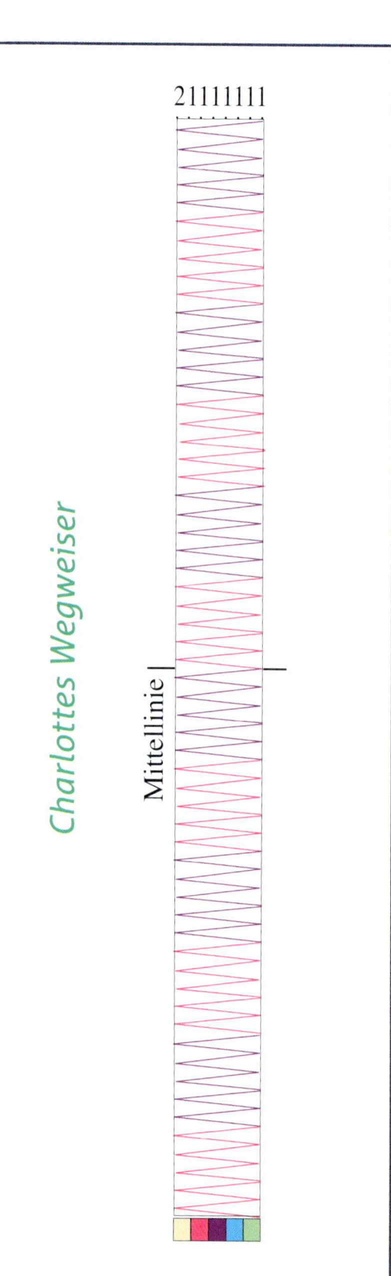

WIR BENÖTIGEN:

- Klöppelbrief „Ohrring" und dazugehörige Farbcodezeichnung
- Charlottes Wegweiser
- 8 Paar Klöppel in den Regenbogenfarben: Gelb, Orange, Rot, Pink, Lila, Violett, Blau, Grün
- 1 Führpaar mit Farbverlauf
- Klöppelgarn: Risspaare – Moravia Leinengarn farbig NeL 40/2 oder Bockens Lingarn 35/2; Führpaar – Valdani Hand-Dyse Varigated Colorfast, Madeira Stickgarn oder YLI Quilting Garn
- Stecknadeln, Stickschere, Vorstecher, Feutrex
- Klöppelpappe, Klebestift, Folie, Papierschere

für 2 Ohrringe:

- 1 Paar Ohrstecker mit Ösen
- 6–7 cm lange Silberstifte (2 Stück)
- farbige Rocailleperlen, Ø 4 mm
- Rundzange, Seitenschneider

☛ UND SO WIRD'S GEMACHT:

Beginn

1. Die Paare mit folgender Farbfolge von links nach rechts über die Nadel hängen: 1 Führpaar mit Farbverlauf, Gelb, Orange, Rot, Pink, Lila, Violett, Blau, Grün.

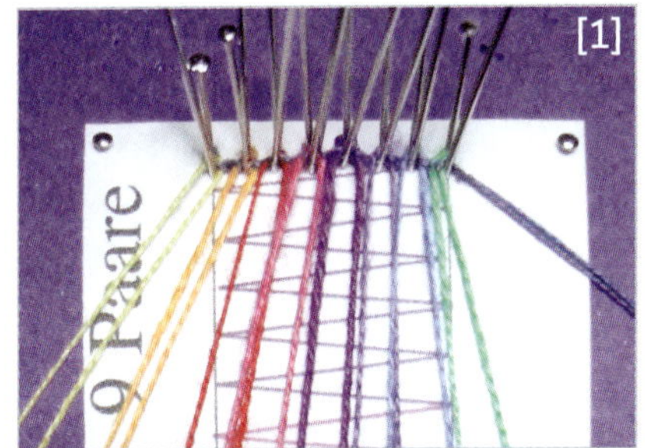

[1]

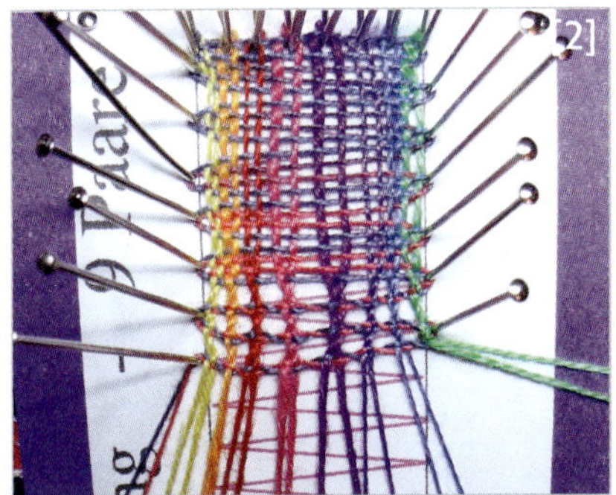

[2]

[3]

2. Von links nach rechts mit Leinenschlag beginnen. Nach der 1. Reihe die Nadeln umsetzen. Das bedeutet: Die Nadel ziehen und in die Mitte des Schlages setzen. 1 Faden liegt oben, 1 unten, 1 je links und rechts. **[1]** So entsteht ein gerader Abschluss nach oben. Dann genau nach der Farbcodezeichnung weiterarbeiten.

Wechsel des Klöppelschlages

3. Nach der 10. Reihe ändert sich die Farbe des Klöppelbriefes in **Rot**. **[2]** Ab jetzt im **Ganzschlag** weiterarbeiten.

4. Wieder 10 Reihen klöppeln. Die Farbe der Farbcodezeichnung wechselt zu **Lila**.

Wenn man richtig geklöppelt hat, verändern die senkrechten Paare (Risspaare) ihren Platz nicht und behalten ihre farbliche Reihenfolge bis zum Ende des Klöppelstücks!

5. Im **Leinenschlag** liegen die Fäden der Paare ganz parallel nebeneinander und bilden mit dem Führpaar ein zartes Gewebe. Im **Ganzschlag** bilden die Fäden von Risspaar und Führpaar eine Gitterstruktur.

Der Schluss

6. Noch 1 × 10 Reihen im **Ganzschlag** klöppeln. Dann werden die Paare wie folgt verknüpft:
gelb + orange / rot + pink / lila / violett + blau / grün + Führpaar

7. Alle Arbeitsgänge bei allen anderen Farben ebenso ausführen.

Variante Ohrring mit Perlen

Einknüpfen der Perlen

1. Die gelben und orangefarbenen Paare mit 2 Schlingknoten verbinden. Dann 1 gelbe Rocailleperle einhäkeln, indem man 2 Fäden durch die Öffnung zieht und 1 Klöppel durch die entstandene Schlinge steckt. **[3]**

2. Die Perle direkt an der Spitze positionieren und 5 Schlingknoten um die Perle herum eng an der Spitze arbeiten.

3. Die roten und pinkfarbenen Paare mit 1 roten Perle verknüpfen, das lilafarbene Paar mit 1 blauen Perle, die violetten und blauen Paare mit 1 türkisfarbenen

Perle sowie das Führpaar und grüne Paar mit 1 grünen Perle.

4. Die fertige Spitze vorsichtig stärken, auch die abgeknüpften Enden nicht vergessen. Diese am besten noch mit weißem Bastelkleber betupfen. **[4+5]**

5. Klöppel dicht am abgeknüpften Knoten abschneiden. Nach einer Trocknungszeit von ca. 30 Minuten die Nadeln ziehen.

Komplettierung des Ohrrings

Bevor ihr die Klöppelspitze knickt, übt mal besser mit meinem „Wegweiser" (S. 28) die Faltung. Und immer schauen: Liegen alle Werkzeuge bereit? **[1]** *Dann los!*

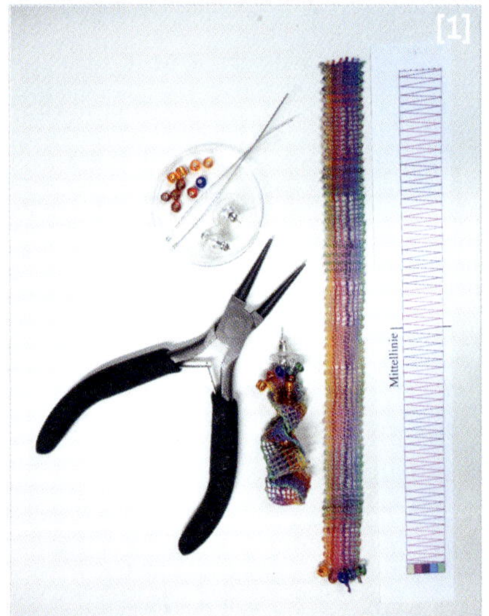

1. Spitze an der Mittellinie falten. **[2]** Danach die Seite mit den Perlen nach oben legen und die untere Hälfte an der Mittellinie entlang nach links falten. **[3]**

2. Anschließend die Seite mit den Perlen nach unten falten. **[4]**

3. Nun wieder die linke Seite nach rechts legen. Diese Faltung nennt sich **„Hexentreppe"** und wird nun immer weiter wiederholt, bis sich die Spitze in ein kleines quadratisches Päckchen verwandelt hat. **[5]** Insgesamt sind es 13 Faltschritte bis zu diesem Punkt.

4. Bei der 14. Faltung die Perlen mit 1 Nadel an der unteren Lage fixieren. **[6]**

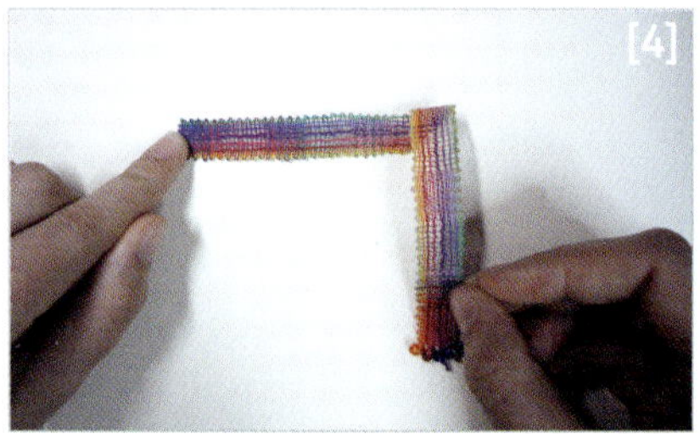

5. Nun den Ohrring vorsichtig auseinanderziehen.

6. Mit durchsichtigem Nähgarn die beiden oberen Kanten behutsam zusammennähen. **[7]**

7. Zuletzt den Silberstab vorsichtig von unten durch die Mitte der Klöppelspitze fädeln, dabei immer die Perlen mit auffädeln: Perle – Spitze – Perle – Spitze usw. **[8]**

8. Ganz oben noch 1 × 4 Perlen auf den Silberstab fädeln und diesen dann durch eine der mittleren Perlen der Klöppelspitze stecken. **[9]**

9. Mit einer Rundzange den Silberstab zunächst 1 cm rechtwinklig biegen. **[10]** Anschließend mit der Rundzange dieses kleine Stück in Gegenrichtung zu einer runden Öse biegen, den Ohrring in die Öse einhängen. Öse ganz zubiegen. **[11]**

10. Man kann den Ohrring auch ohne Perlen und Silberstab an einen Ohrstecker anknüpfen. **[12]**

[5]

[6]

[7]

[8]

[9]

[10]

[11]

[12]

Schritt 8: Einhäkeln von Perlen

Armbänder „Elfenleiter“ und „Morgentau“

Ich stehe auf der Elfenleiter,
steige weiter, immer weiter,
Wolkenschaf am Himmel droben –
wart' auf mich, gleich bin ich oben!

Armband „Elfenleiter“

Schwierigkeitsgrad: 

Zeitaufwand:

65 %

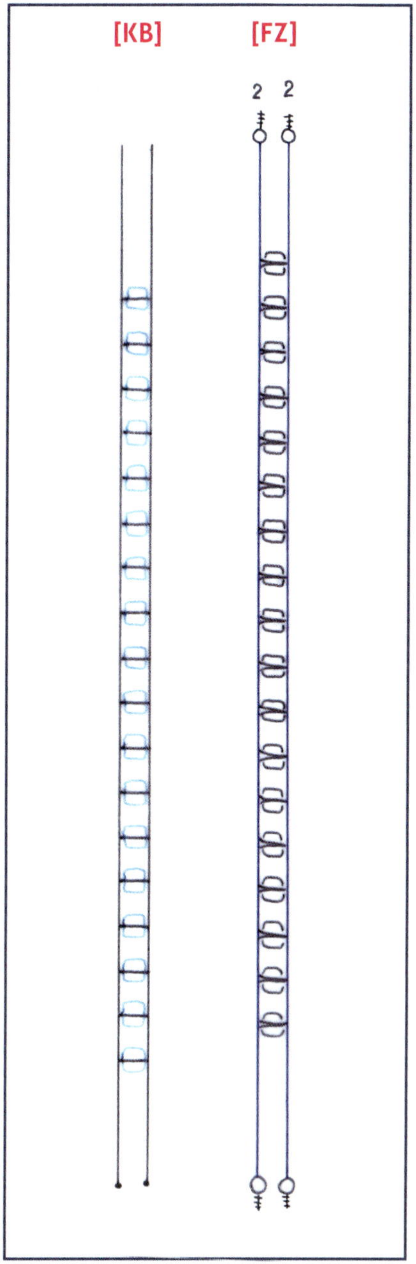

[KB] [FZ]

2 2

WIR BENÖTIGEN:

- Klöppelbrief „Elfenleiter" und dazugehörige Farbcodezeichnung
- 4 Paar Klöppel in 2 verschiedenen Farben
- Klöppelgarn: Moravia Leinengarn farbig NeL 40/2 oder Bockens Lingarn 35/2
- Stecknadeln, Stickschere, Vorstecher
- feine Häkelnadel
- Klöppelpappe, Klebestift, Folie, Papierschere
- 18 farbige Walzenperlen 8 mm (Ø 6 mm) oder größere, farbige Rocailleperlen (Ø 4 mm)

UND SO WIRD'S GEMACHT:

Beginn

1. Man kann einfarbig oder zweifarbig arbeiten. Zur besseren Verdeutlichung des Fadenverlaufs wurde das Beispiel in Rot und Orange geklöppelt.

2. Links und rechts auf die Startpunkte 2 Nadeln stecken. Über jede Nadel je 2 Paare einhängen: links rot, rechts orange.

3. Links beginnen und 1 Flechter bis zur ersten Perle arbeiten, dann 1 Nadel stecken und noch 1 Ganzschlag klöppeln.

4. Alle Klöppel, bis auf den ganz rechts liegenden, beiseite stecken. Nun auf der rechten Seite genauso verfahren, jedoch nach Nadel und Ganzschlag alle Klöppel, bis auf den ganz links liegenden, beiseitelegen.

5. Dann beide Klöppel, die nun in der Mitte liegen, um mindestens 10 cm verlängern. [1]

Perle einhäkeln

6. Häkelnadel durch das Loch in der Perle stecken und den roten, verlängerten Faden durch das Loch auf die rechte Seite ziehen. Z 26 Schlaufe mit 1 Nadel fixieren und den orangefarbenen, verlängerten Klöppel durch die Schlaufe hindurchstecken. [2] Z 27

7. Danach die Perle durch Ziehen an den Fäden positionieren und den gerade verwendeten Klöppel über die gesteckte Nadel legen, um die Perle genauer zu fixieren. Die Klöppel anschließend wieder auf gleiche Fadenlänge bringen. [3]

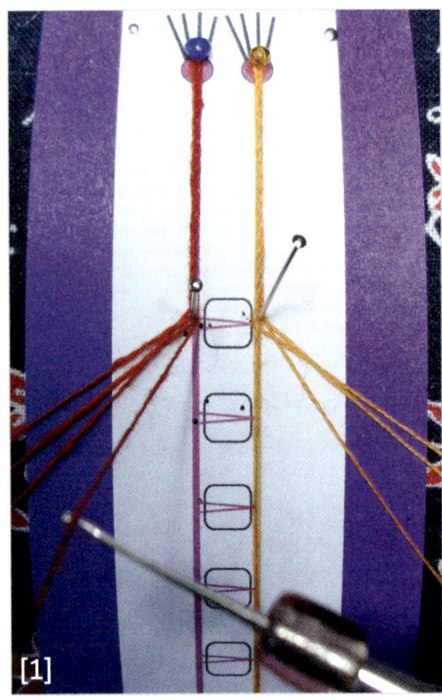

8. Je 1 Ganzschlag links und rechts klöppeln, nun sitzt die Perle fest.

9. Links und rechts den Flechter (siehe S. 18ff.) arbeiten, bis man zur nächsten Perle gelangt. **[4]**

Schluss

10. Wie oben beschrieben weiterarbeiten, bis alle Perlen eingearbeitet sind.

11. Bis zum Ende des Klöppelbriefes flechten, 1 Nadel stecken und die Paare anschließend abknüpfen, beginnend mit dem linken Flechterpaar.

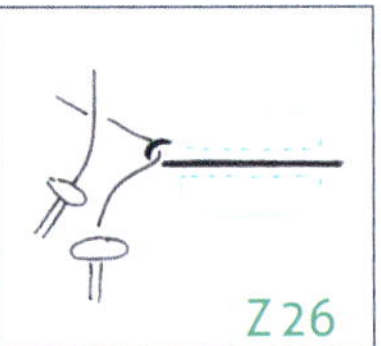

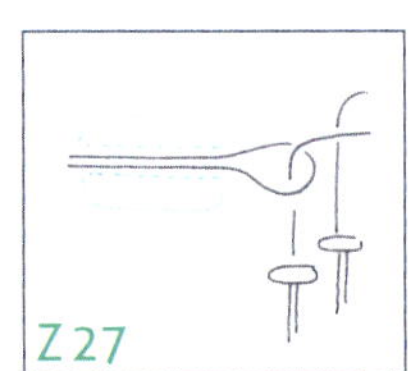

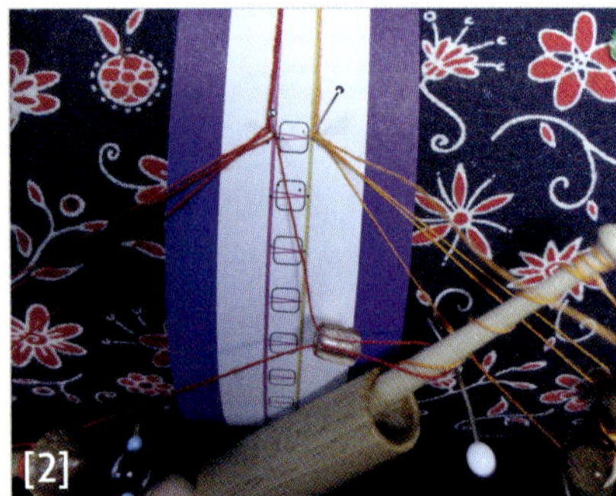

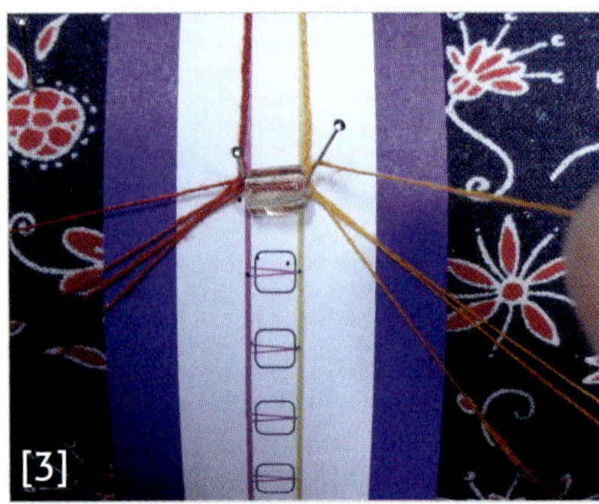

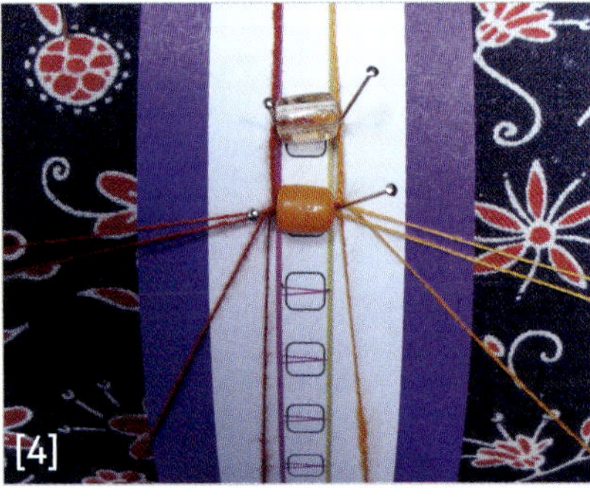

Verknüpfen

12. 1 Klöppel um mindestens 15 cm verlängern, diesen in der rechten Hand halten, die übrigen 3 Klöppel in der linken Hand.

13. Mit dem Zeigefinger der linken Hand den Faden des verlängerten Klöppels in 1 Schlaufe hinter die anderen Klöppel ziehen und von oben in die Schlinge stecken. Die anderen Fäden werden von diesem einen Faden gleichsam umschlossen. Nun diese Schlinge eng an die Nadel ziehen. **[5]**

14. Nach 5 Schlingknoten alle Klöppel ca. 1 cm nach dem letzten Knoten abschneiden. **[6]**

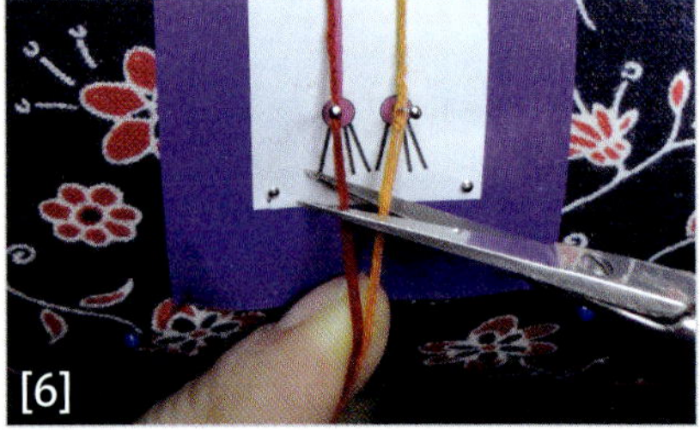

70 %

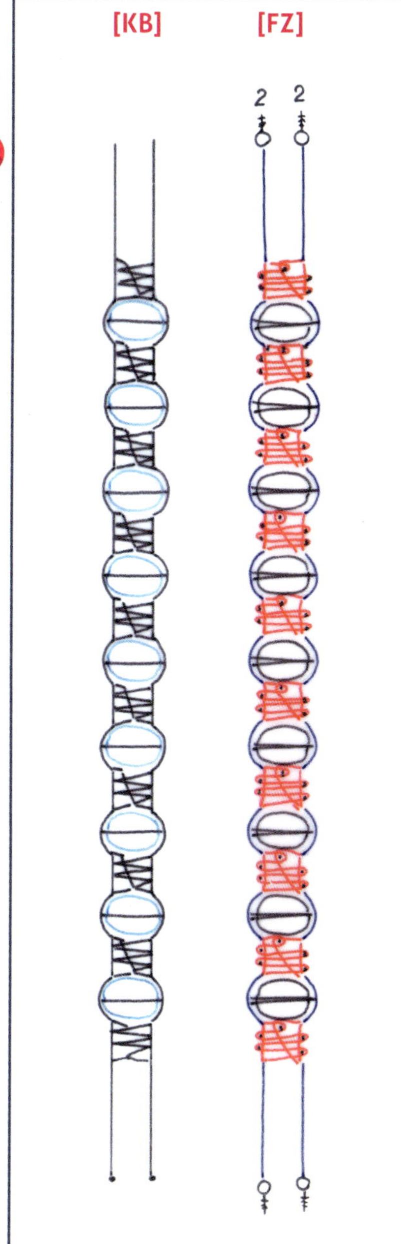

Armband „Morgentau“

Perlen, zart und gläsern,
schimmern an den Gräsern,
winden sich galant
bald um deine Hand.

Schwierigkeitsgrad:  

Zeitaufwand:

WIR BENÖTIGEN:

- Klöppelbrief „Morgentau“ und dazugehörige Farbcodezeichnung
- 4 Paar Klöppel in 2 verschiedenen Farben
- Klöppelgarn: Moravia Leinengarn farbig NeL 40/2 oder Bockens Lingarn 35/2
- Stecknadeln, Stickschere, Vorstecher
- feine Häkelnadel
- Klöppelpappe, Klebestift, Folie, Papierschere
- 9 flache ovale Perlen, ca. 9 × 12,5 mm

UND SO WIRD'S GEMACHT:

Beginn

1. Am besten mit 2 verschiedenen Farben arbeiten (hier Blau und Grün). Wir beginnen mit den 2 blauen Paaren.

2. Links und rechts auf die Startpunkte je 1 Nadel stecken. Über jede Nadel je 2 Paare ein und derselben Farbe einhängen. Links mit Blau beginnen und 1 Flechter bis zum nächsten Nadelpunkt arbeiten, dann 1 Nadel stecken und noch 1 Ganzschlag klöppeln. Das linke blaue Paar zur Seite stecken, das rechte liegenlassen.

3. Auf der rechten Seite mit dem grünen Paar genauso verfahren.

erstes Verbindungsstück

4. Genau nach Farbcodezeichnung arbeiten, bis die Stelle zum Einhäkeln erreicht ist. **[1–4]**

5. Alle Klöppel mit Ausnahme der beiden inneren (1 blauer und 1 grüner) beiseite stecken, die beiden inneren Klöppel um 10 cm verlängern, um besser weiterarbeiten zu können. **[5]**

Perle einhäkeln (siehe auch S. 33)

6. Häkelnadel durch das Loch in

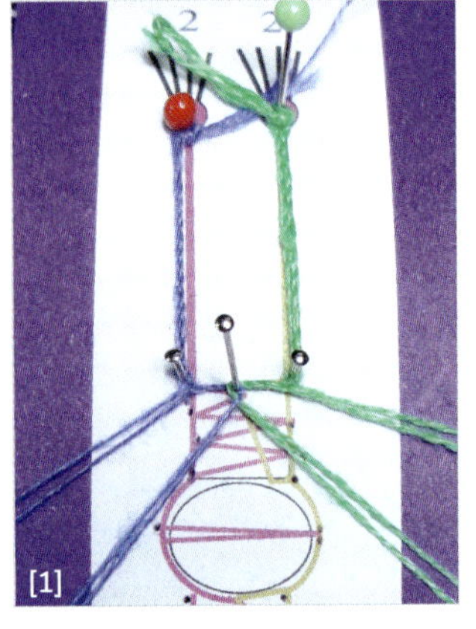
[1]

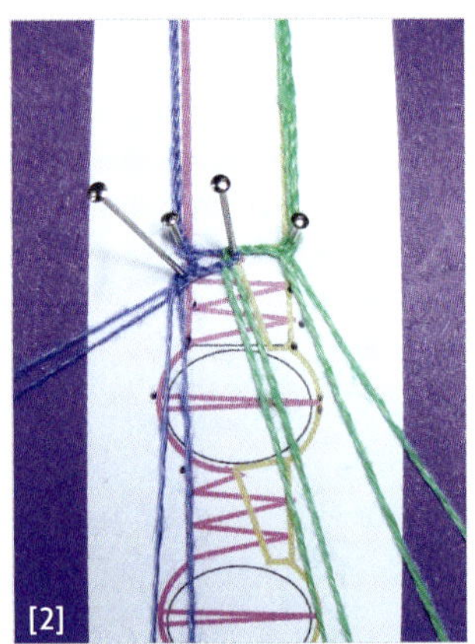
[2]

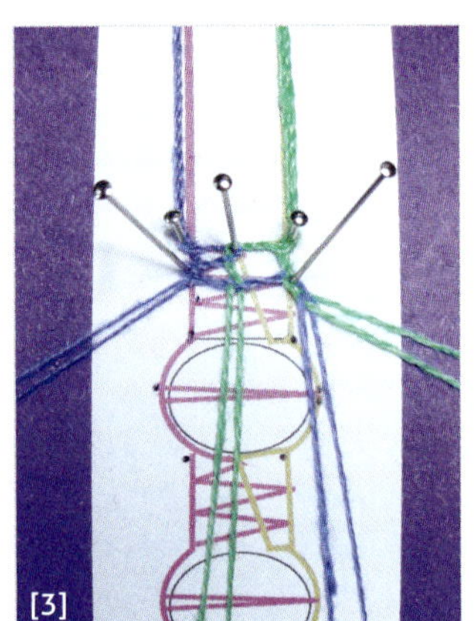
[3]

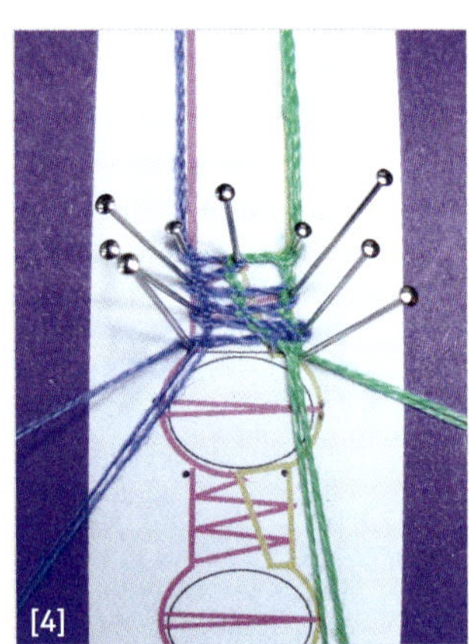
[4]

der Perle stecken und den blauen, verlängerten Faden durch das Loch auf die rechte Seite ziehen. [6]

7. Die Schlaufe als Hilfe mit 1 Nadel fixieren und den grünen, verlängerten Klöppel durch die Schlaufe hindurchstecken. [7]

8. Danach die Perle durch Ziehen an den Fäden positionieren und den gerade verwendeten Klöppel über die gesteckte Nadel legen, um die Perle genauer zu fixieren. Die Klöppel anschließend wieder auf gleiche Fadenlänge bringen. [8] Anschließend 1 Ganzschlag links und rechts klöppeln. Die Perle sitzt fest.

9. Jetzt links und rechts den Flechter klöppeln, bis der Brief erneut das Verbindungsstück anzeigt. Von da an weiter laut Farbcodezeichnung arbeiten. [9]

Schluss

10. Bis zum Ende des Klöppelbriefes flechten, 1 Nadel stecken und die Paare anschließend verknüpfen. Die Nadeln ziehen – fertig!

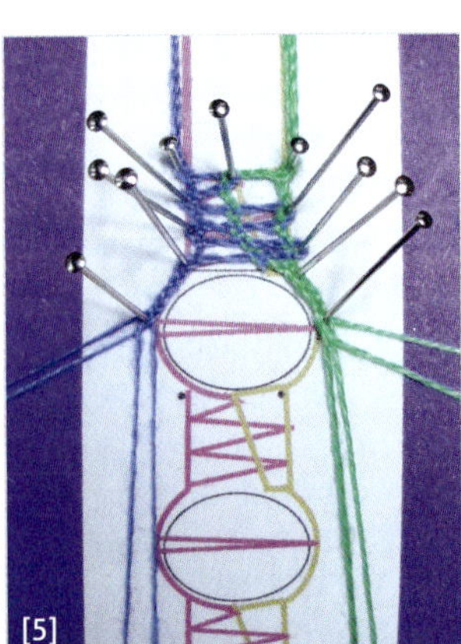
[5]

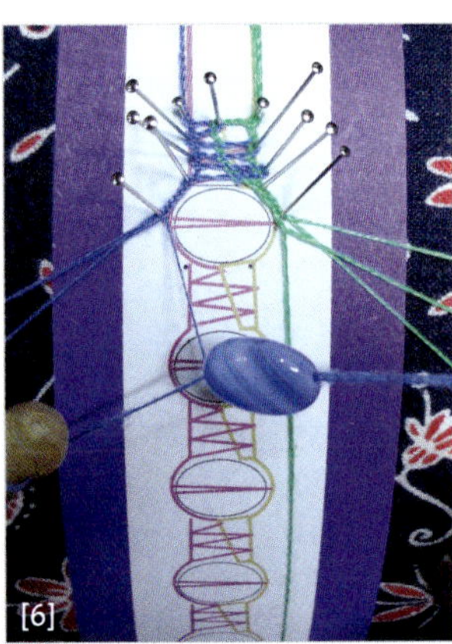
[6]

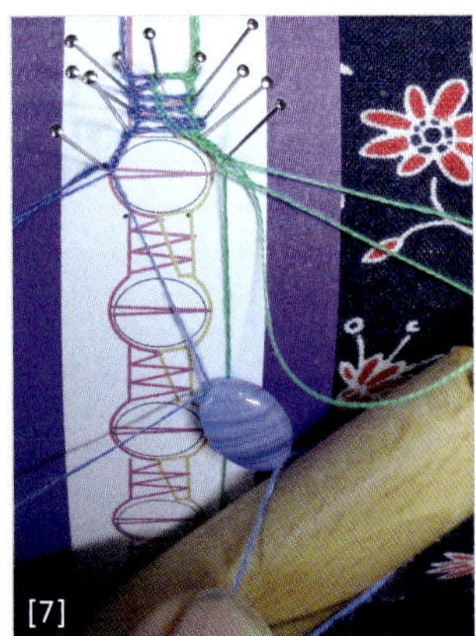
[7]

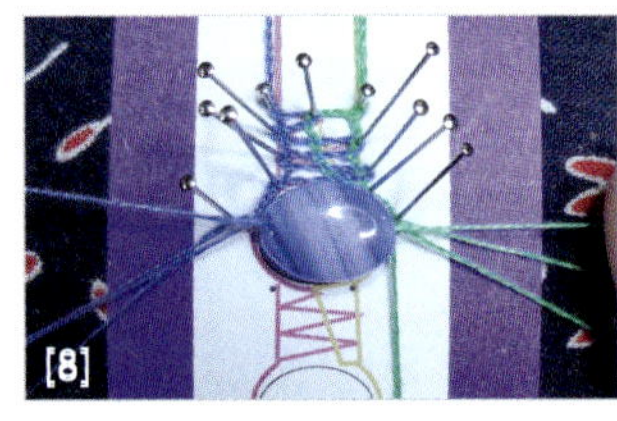
[8]

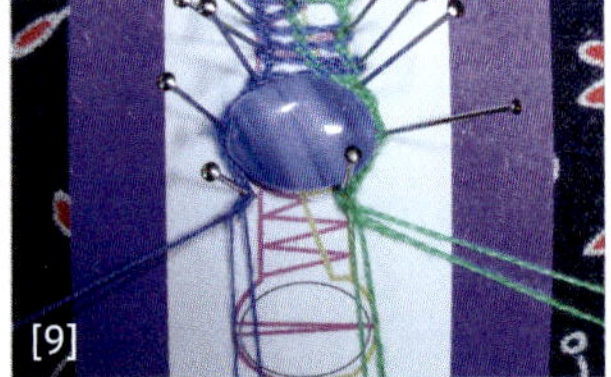
[9]

Schritte 9 bis 13: Innennadel – Zunahme und Entfernen von Paaren im Leinenschlag – Venezianischer Flechter – Verbindungen

Bücherwurm Leo

Kleiner dicker Bücherwurm
wohnt in einem Bücherturm,
alles was er spricht,
klingt wie ein Gedicht.

Schwierigkeitsgrad: 

Zeitaufwand: 

[KB] [FZ]

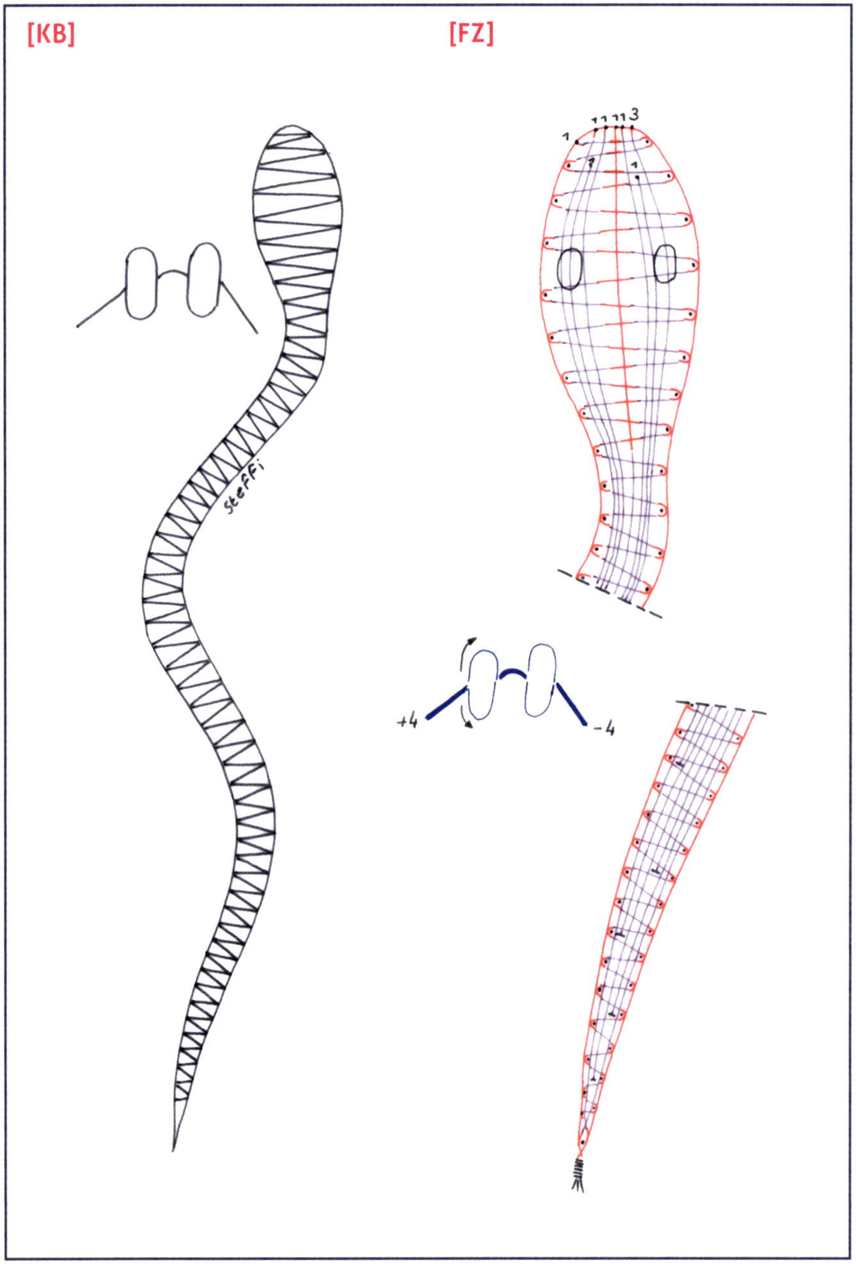

WIR BENÖTIGEN:

- Klöppelbrief „Leo" und dazugehörige Farbcodezeichnung
- 10 Paar Klöppel für den Körper und 4 Paar für die Brille
- Klöppelgarn: Franks Baumwollgarn 34/2
- Stecknadeln, Stickschere, Feutrex
- feine Häkelnadel
- Klöppelpappe, Klebestift, Folie, Papierschere
- Wackelaugen

UND SO WIRD'S GEMACHT:

Beginn

1. Den Bücherwurm am Mund mit 3 Paaren beginnen. Z 28

2. Dafür das erste Paar über die

Z 28

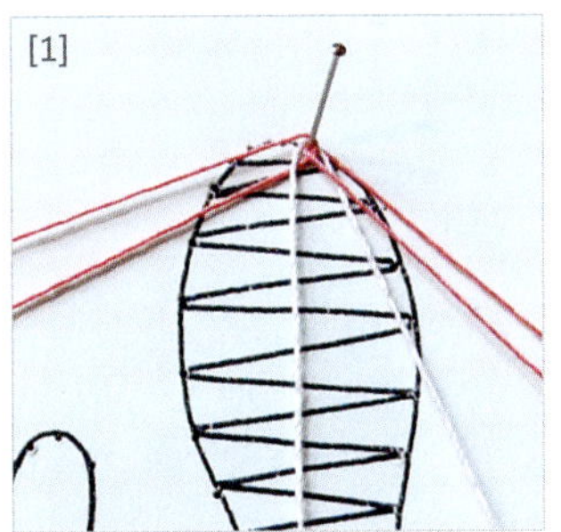
[1]

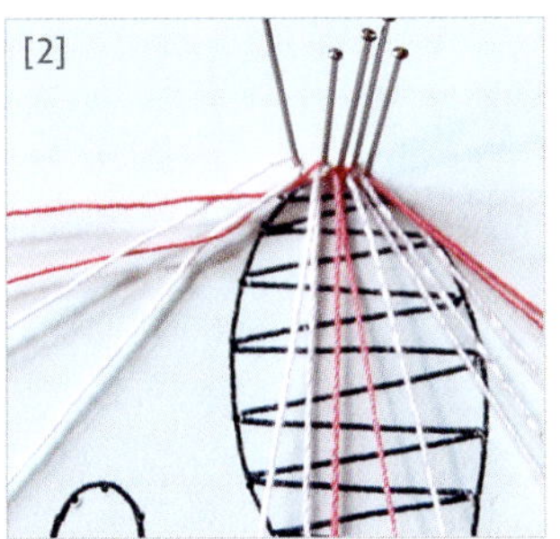
[2]

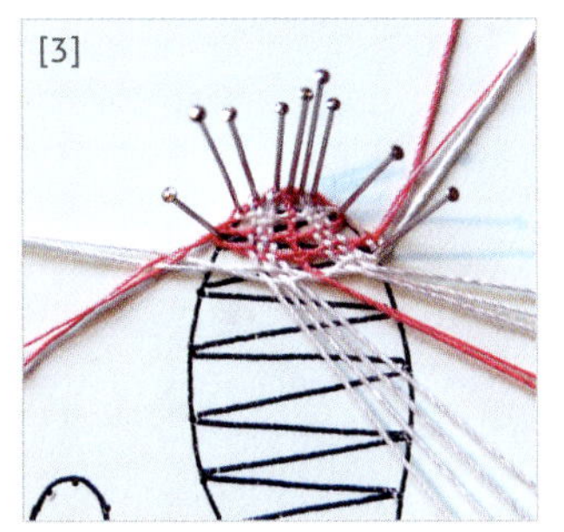
[3]

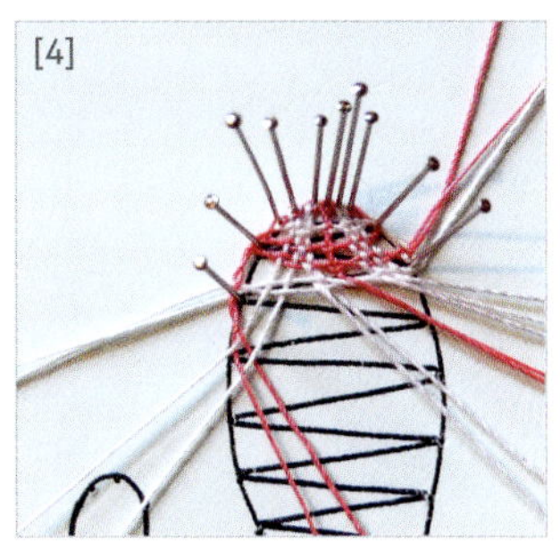
[4]

Nadel legen, das zweite folgt Mitte links (siehe Blüte, S. 18ff.). Das dritte Paar so legen, dass der rechte Klöppel wieder in der Mitte und der linke Klöppel wieder links außen liegt.

3. Nun den mittleren linken Klöppel mit den beiden rechten mittleren Klöppeln kreuzen. Das linke Paar ist jetzt an der richtigen Stelle.

4. Die beiden verbliebenen rechten Paare in der Mitte kreuzen. Eines der beiden Paare zeigt nach unten, das andere nach links. So werden sie auch weiter verwendet. **[1]**

5. Das linke Paar für die erste Reihe als Führpaar nutzen; die folgenden 4 Paare laut Farbcode aufnehmen. **[2]**

6. Am nächsten Nadelpunkt wird das eigentliche Führpaar eingesetzt. Jetzt die erste Reihe klöppeln, wie in der Farbcodezeichnung angegeben.

Schritt 9: Innennadel

7. In der Farbcodezeichnung ist die Nadel hier anders eingezeichnet als bisher: Beide Paare (Führpaar und Ganzschlagpaar) liegen außerhalb der Nadel. 4 Fäden liegen außerhalb. **[3+4]**

8. Die Klöppler sprechen auch von ***Nadel nach vier oder Innennadel***. **Z 29** Dabei wechselt das Führpaar. Für die neue Reihe wird nun das Ganzschlagpaar zum neuen Führpaar. Es ist ein ständiger Führpaarwechsel: Wenn man später wieder auf diese Seite kommt, übernimmt das „alte Führpaar" diese Aufgabe. Damit der Rand einen besseren Halt bekommt, wird das Randpaar immer 1 × zusätzlich gedreht.

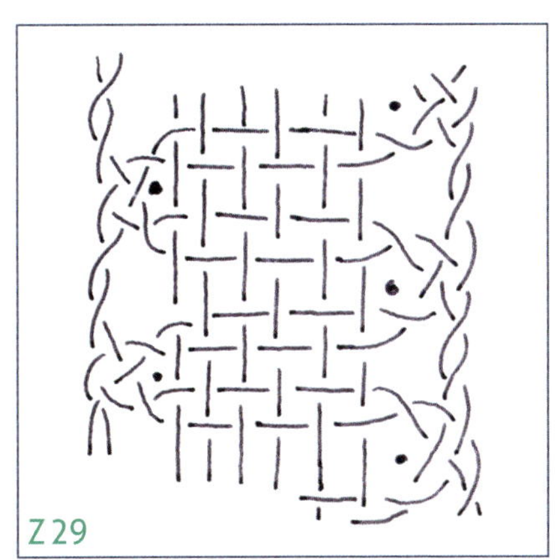
Z 29

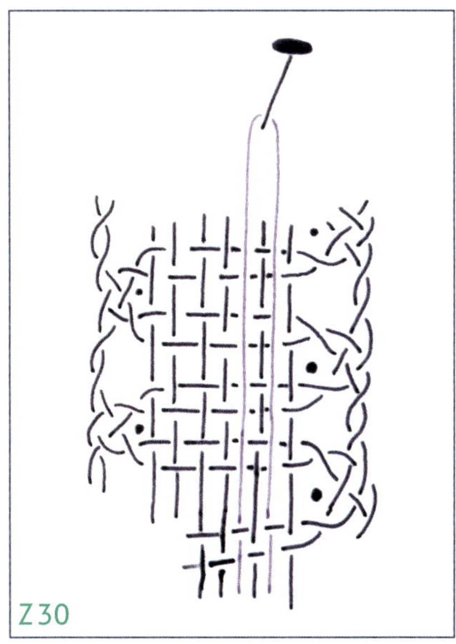
Z 30

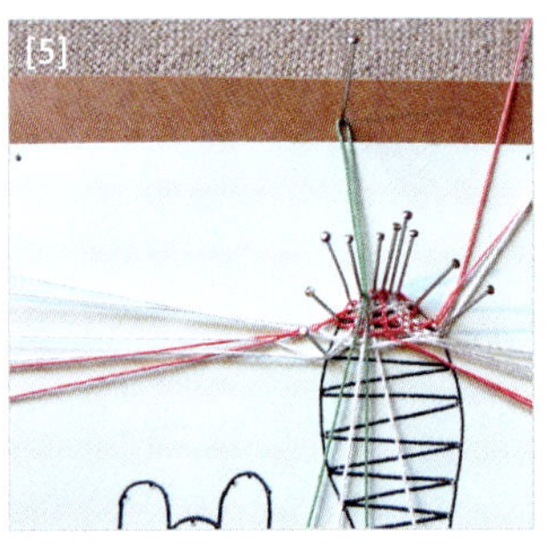
[5]

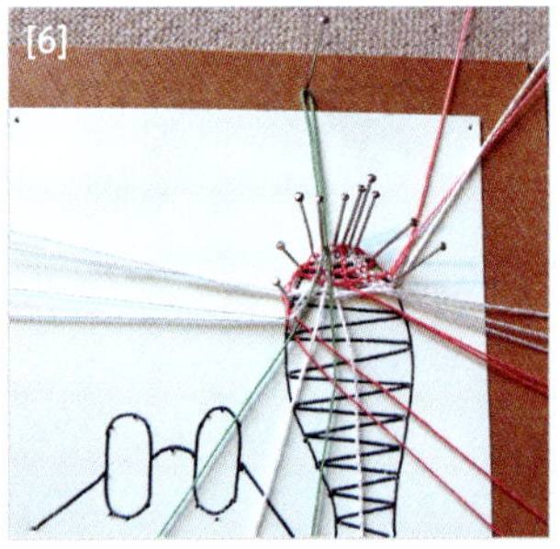
[6]

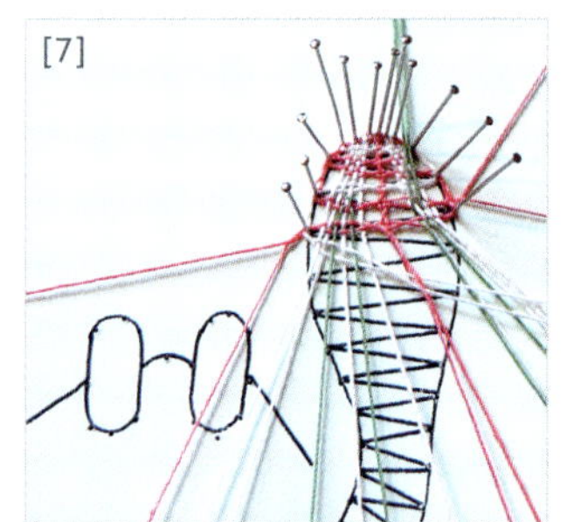
[7]

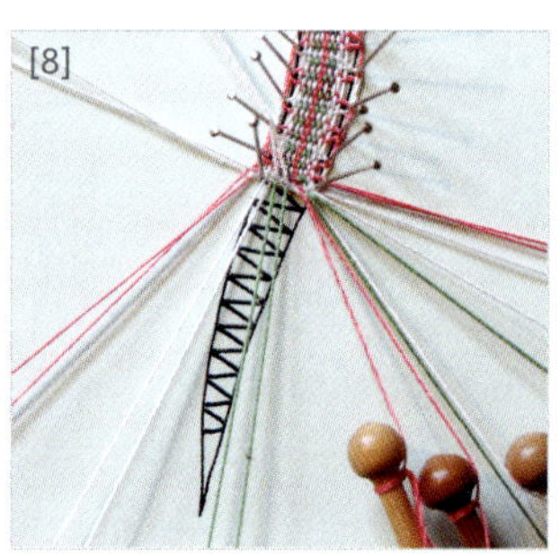
[8]

Schritt 10: Paare im Leinenschlag zunehmen

9. Nach der dritten und vierten Nadel je 1 Paar im Leinenschlag hinzunehmen: Dafür 1 Paar über 1 Hilfsnadel hängen. Z30 Die Fäden des neuen Paares Mitte links zum bereits vorhandenen Paar legen. Darauf achten, dass der neue außen gelegte Faden nicht ganz am Außenrand der Leinenschlagfläche liegt. [5]

10. Die folgende Reihe mit dem neuen Paar arbeiten. [6]

11. Nach etwa 2 weiteren Reihen Hilfsnadel ziehen und Schlaufe festziehen. Z31 [7]

12. Wurm weiterarbeiten, bis ein schwarzer Strich in der Farbcodezeichnung sichtbar wird: Hier endet 1 Paar.

Schritt 11: Paare im Leinenschlag entfernen

13. Von 2 Leinenschlagpaaren die rechten Klöppel nach hinten legen. [8]

14. Jetzt die nächste Reihe ohne diese beiden Fäden weiterarbeiten. [9]

15. Am Ende diese Fäden mit 1 Kreuzknoten beenden. Z32

16. Die letzten verbliebenen Paare mit 6 Schlingknoten beenden. Den Wurm noch mit Feutrex stärken.

Die Brille

Schritt 12: Der Venezianische Flechter

17. Mit 4 über 1 Nadel gelegten Paaren beginnen. Die linken 4 und die rechten 4 Fäden bilden je 1 Bündel.

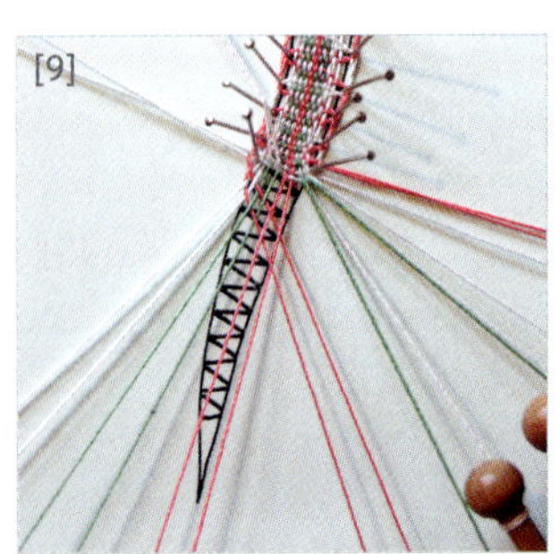
[9]

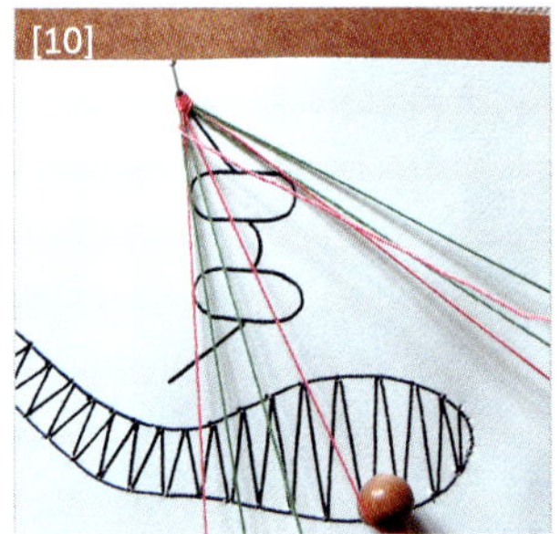
[10]

[11]

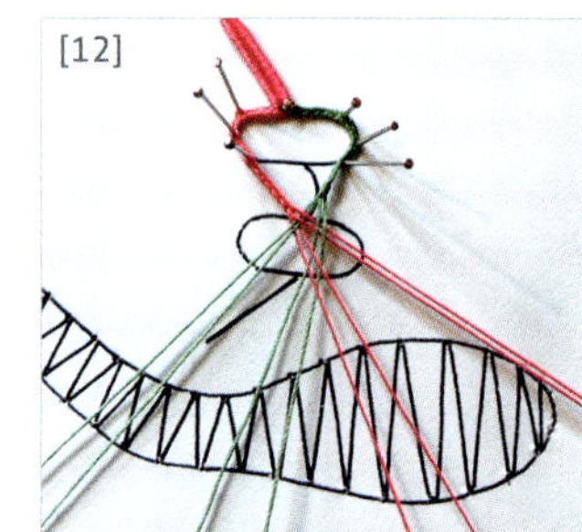
[12]

Z31

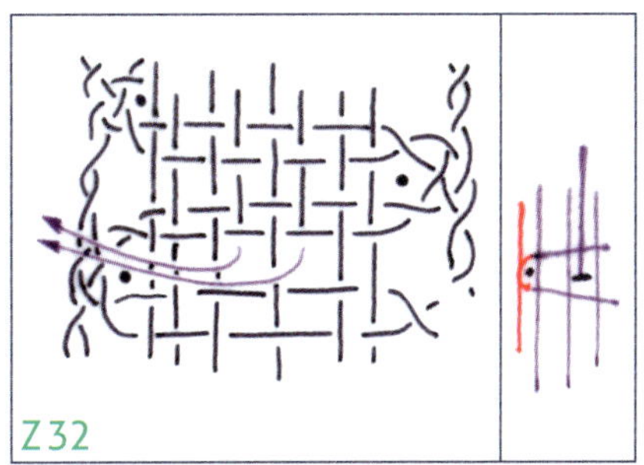
Z32

18. Vom rechten Bündel den mittleren Faden nehmen und wie den Buchstaben „S" um die beiden Bündel schlingen. **Z33** **[10+11]** Am Brillenglas laufen 2 Paar als Flechter nach links und 2 Paar als Flechter nach rechts.

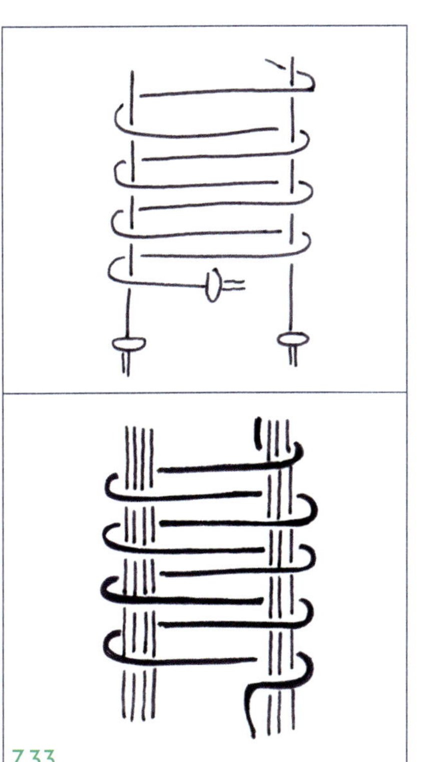
Z33

Schritt 13: Verbindungen

19. Diese 4 Paar treffen sich am Ende des Brillenglases wieder und arbeiten 1 vierpaarige Verbindung. **[12]**

Leo muss ja was sehen können, die Brillengläser sind schon wichtig. Hier stoßen 4 Paare als Flechter aufeinander. Zum Glück ist das eine der leichten Verbindungen. Schau ruhig immer wieder auf die Zeichnung. Nur Mut – und merke: Am Ende jeder Verbindung hat immer jedes Paar 1 Leinenschlag gearbeitet.

20. Je 2 Fäden werden als 1 Faden behandelt: Auf diese Weise hat man 2 gedachte Paare vor Augen.

21. Damit wird der gewohnte Leinenschlag gearbeitet: in der Mitte kreuzen, links drehen, rechts drehen, in der Mitte kreuzen.

22. Die Nadel in die Mitte stecken: Fertig ist die Verbindung! **Z34**

23. Brille bis zum Ende klöppeln. Der Brillenbügel entsteht abermals durch den Venezianischen Flechter, danach folgen die zweite Verbindung und das zweite Brillenglas. Nach diesen noch 1 × die Verbindung wiederholen. Den Bügel klöppeln und die Paare mit Schlingknoten verknüpfen.

24. Zum Schluss die Wackelaugen aufkleben und die Brille so annähen, dass Leo auch richtig lesen kann … **Fertig ist der Bücherwurm Leo!**

Z34

Dackel „Herr Schnupperich“

Zickel, zackel,
läuft der Dackel,
aufgelegt zu jedem Scherz –
doch er hat ein Löwenherz!

Schwierigkeitsgrad:  

Zeitaufwand:   

65 %

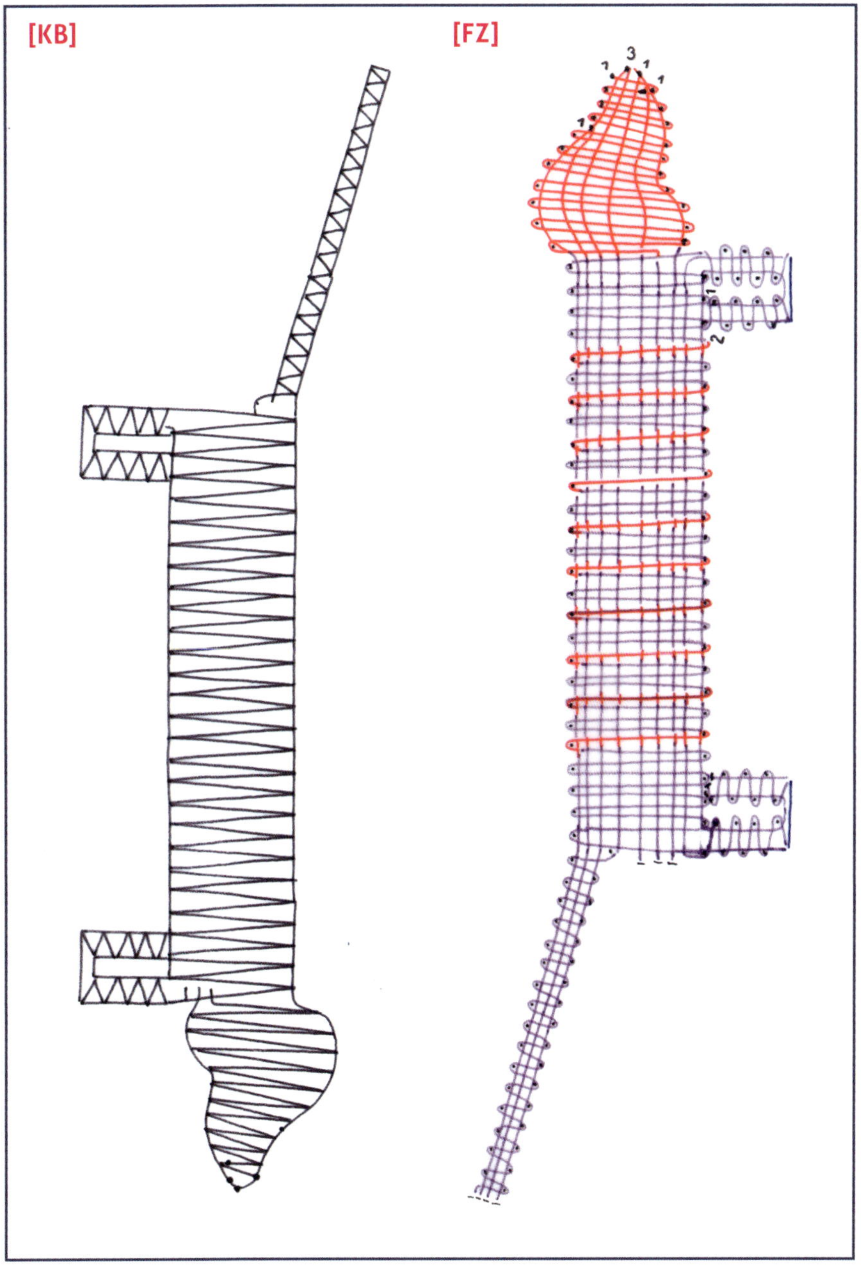

[KB] [FZ]

3

1 1 1 1

1

2

WIR BENÖTIGEN:

- Klöppelbrief „Dackel“ und dazugehörige Farbcodezeichnung
- insgesamt 11 Paar Klöppel
  Kopf und Rumpf:
  2 Paar Dunkelrot, 7 Paar Rot, 1 Paar Orange
  Beine:
  2 Paar Orange, 1 Paar Rot
- Klöppelgarn: Moravia Leinengarn farbig NeL 40/2 oder Bockens Lingarn 35/2
- Stecknadeln, Stickschere, Vorstecher, Feutrex
- Klöppelpappe, Klebestift, Folie, Papierschere

UND SO WIRD'S GEMACHT:

Schnuppernase und Schnauze

1. Am roten Punkt 3 Paare ineinander einhängen (2 dunkle, 1 helleres) **[1]** und laut Farbcodezeichnung bis zu den Vorderbeinen arbeiten. Dabei nicht vergessen, an den angegebenen Punkten im Kopf nach und nach 5 weitere Paare einzuhängen. **[2]**

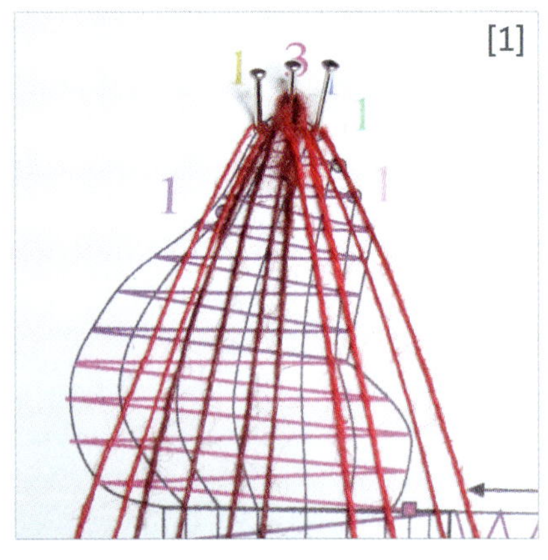

Vorderbeine

2. An den angegebenen Punkten 3 Paare einhängen **[3]** und die Beine nach der Farbcodezeichnung arbeiten. **[4]**

3. Am Ende der Beine 1 Nadel stecken und 1 weiteren Leinenschlag mit dem Führpaar arbeiten, das zweite Paar bleibt zunächst liegen. **[5]**

Rumpf

4. Das rote Paar von den Beinen wird zum Führpaar für den Rumpf. Es wird durch den Körper nach links gearbeitet. **[6]**

5. Bei den nächsten Reihen genau nach Farbcodezeichnung arbeiten. Bitte nicht vergessen, die Beine an den Anfangspunkten anzuhäkeln. **[7]**

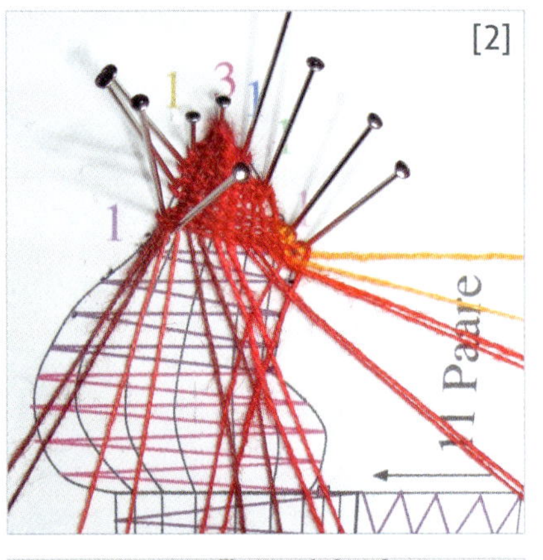

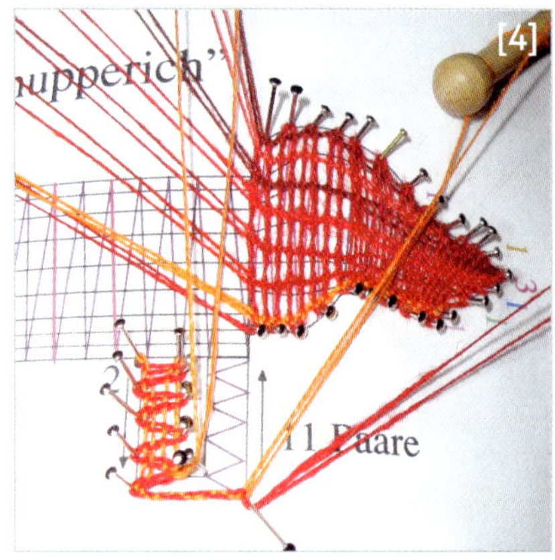

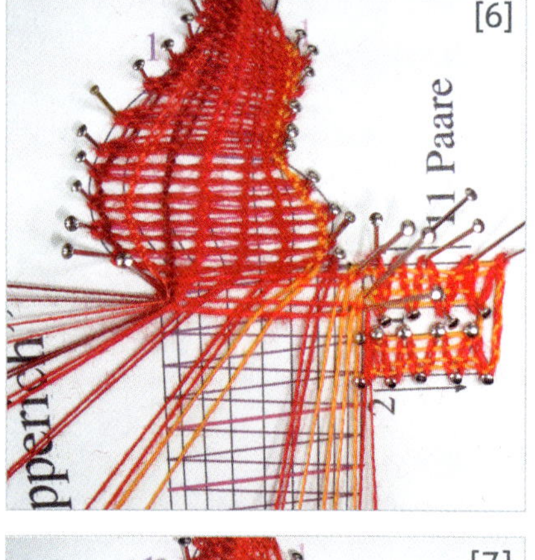

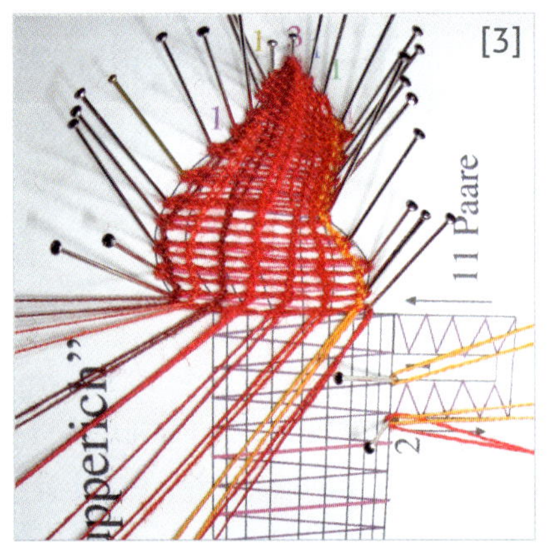

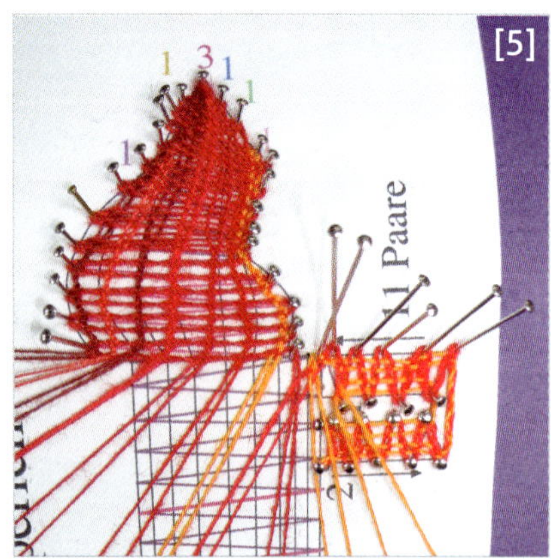

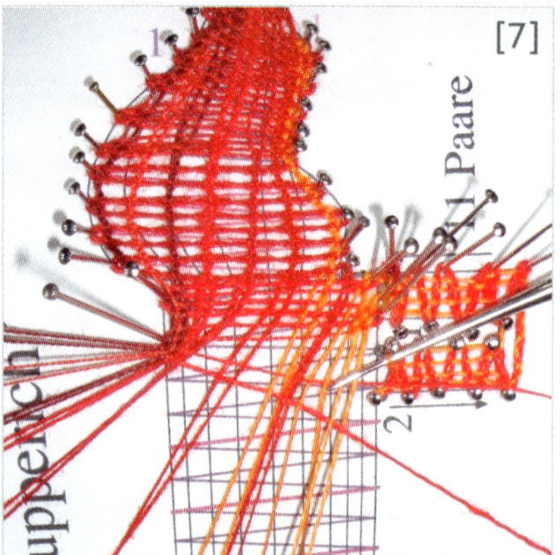

6. Der Dackelrumpf erhält jetzt seine „Locken“ (weiterarbeiten nach Farbcodezeichnung).

7. Die letzte Reihe bis zum Beginn der Hinterbeine arbeiten und die Paare wie folgt teilen: 5 Paar für den Schwanz, 3 Paar mit je 4 Schlingknoten abknüpfen, die 3 rechten Paare sind die Beine. **[8]**

Schwanz

8. Der Schwanz wird aus den 5 linken Paaren gebildet und am Ende mit je 4 Schlingknoten abgeschlossen. **[9]**

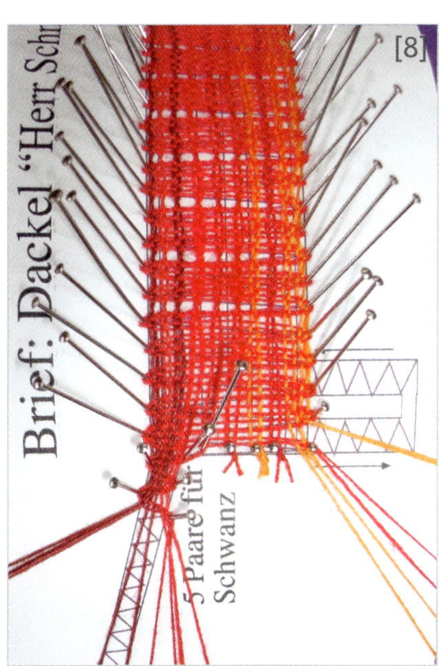

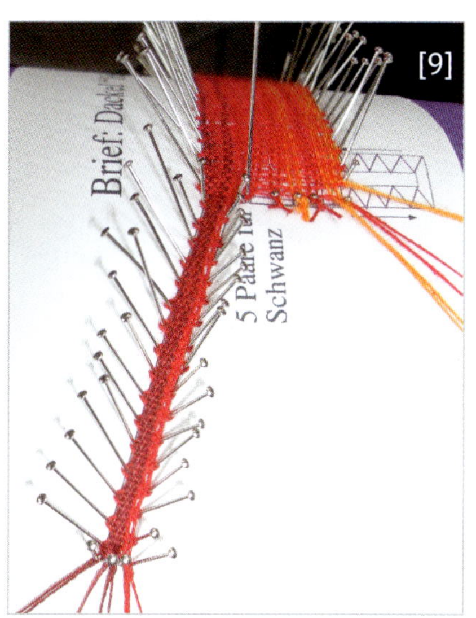

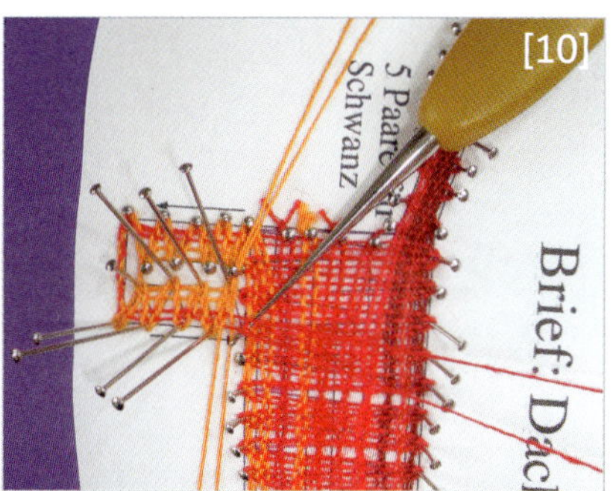

Hinterbeine

9. Mit den verbleibenden 3 Paaren die Hinterbeine analog der Vorderbeine arbeiten und zum Schluss an den Rumpf anhäkeln. **[10]**

10. Von hinten nach vorn abknüpfen: zuerst das eingehäkelte Paar, dann die anderen Paare. Nadeln ziehen – fertig! **[11]**

Schritt 14: Arbeiten mit dem Papierstrick

Klöppelfee Charlotte

Elfen und Libellen
schaukeln auf den Wellen,
essen süßen Pollenkuchen,
willst du auch einmal versuchen?

Was, du willst MICH klöppeln?
Kein Problem – ich fühle mich geehrt …

Schwierigkeitsgrad:

Zeitaufwand:

85 %

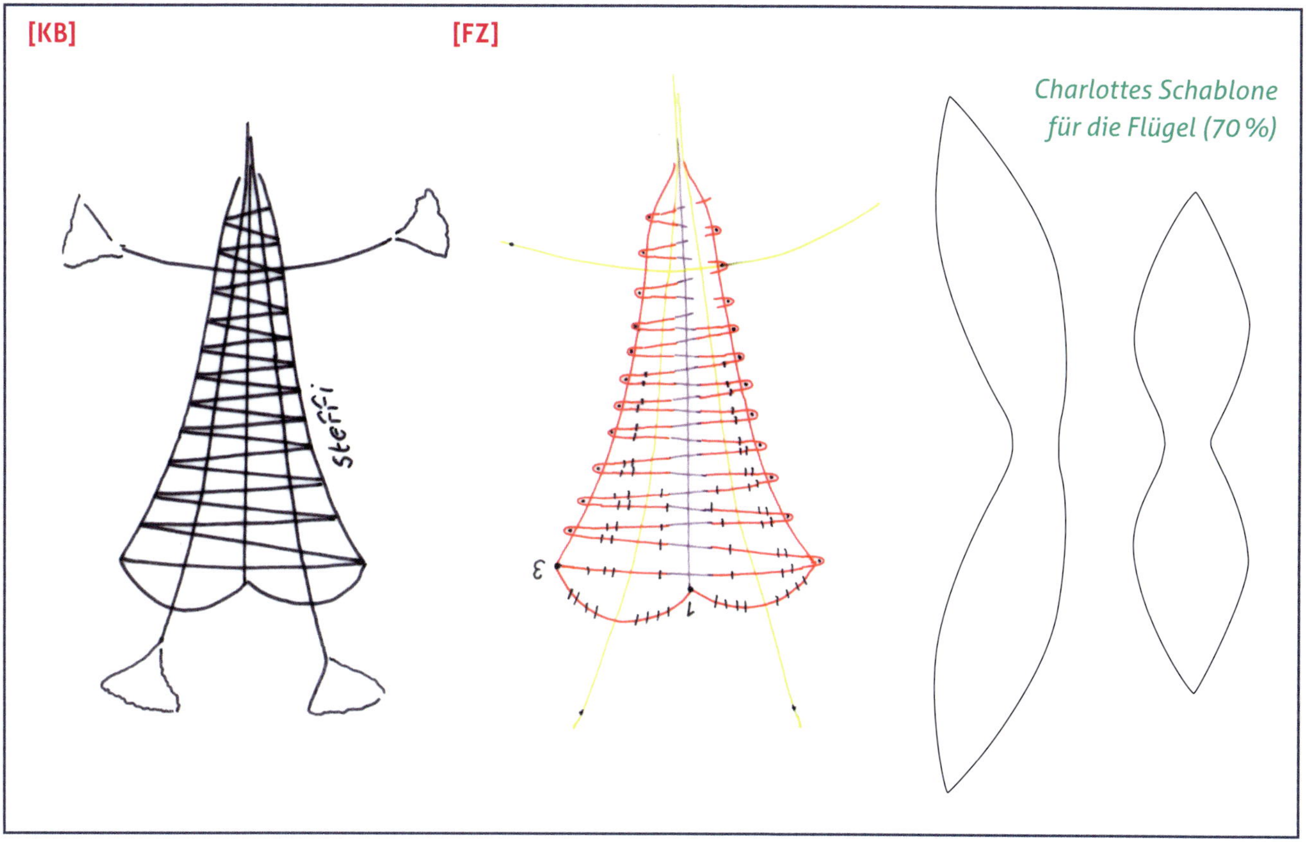

[KB]

[FZ]

Charlottes Schablone für die Flügel (70 %)

WIR BENÖTIGEN:

- Klöppelbrief „Charlotte" und dazugehörige Farbcodezeichnung
- 4 Paar Klöppel, davon 1 Paar mit Wolle gewickelt
- Klöppelgarn: Goldschild Nel 50/3
- Stecknadeln, Stickschere, Vorstecher, Feutrex
- Klöppelpappe, Klebestift, Folie, Papierschere
- Holzkugel mit 1 Loch in der Mitte
- Papierstrick (im Handel erhältlich)
- 1 Blatt Transparentpapier für die Feenflügel

☛ UND SO WIRD'S GEMACHT:

1. Man beginnt mit den Füßen: An der Fußzehe (Ende des Papierstricks) vorsichtig je 1 Nadel befestigen. Unbedingt den Vorstecher verwenden, sonst bekommt man die Nadel nicht durch den Strick. Die Enden des Papierstricks können ruhig 40 cm lang sein, so kann man besser mit ihnen arbeiten.

Für den Papierstrick braucht man keinen Klöppel. Ihn bearbeiten wir nur mit der Hand.

2. 1 Leinenpaar über die Rolle legen, daneben das mit Wolle gewickelte Paar legen. Diese beiden Paare mit 1 Nadel befestigen.

3. Das Führpaar über die Anfangsnadel hängen und 1 Ganzschlag arbeiten. **[1]**

4. Das hinten liegende Paar 4 × drehen, dann das Bein zwischen beide Fäden legen und 1 Stütznadel setzen. **[2]**

5. Bis zum mittleren Paar drehen, mit diesem 1 Leinenschlag klöppeln und die Nadel in die Mitte setzen. **[3]**

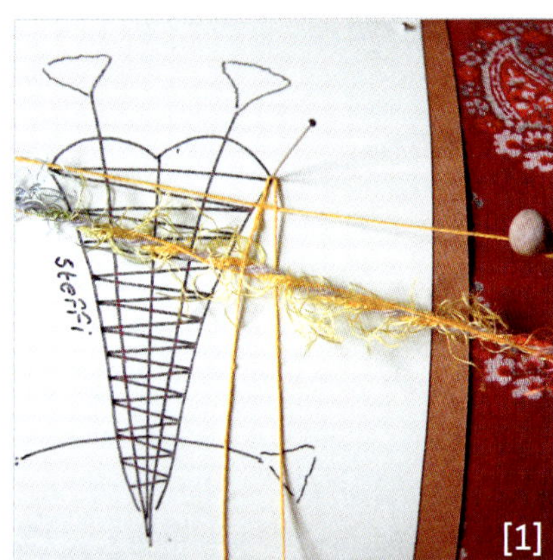

[1]

[2]

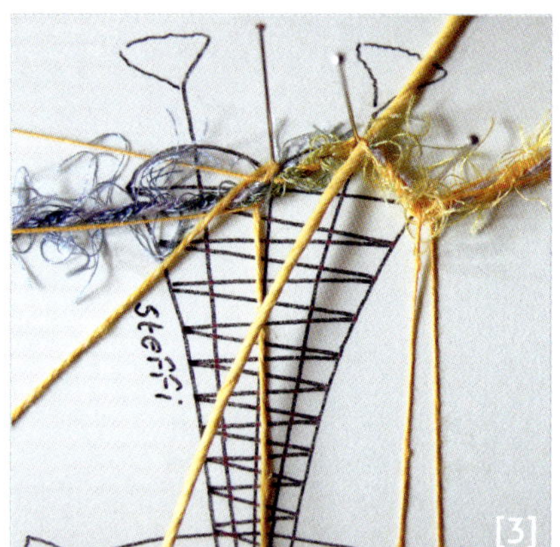

[3]

[4]

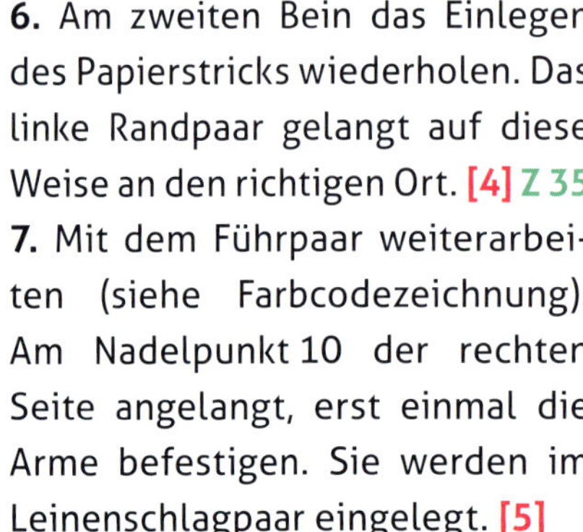

6. Am zweiten Bein das Einlegen des Papierstricks wiederholen. Das linke Randpaar gelangt auf diese Weise an den richtigen Ort. **[4]** Z 35

7. Mit dem Führpaar weiterarbeiten (siehe Farbcodezeichnung): Am Nadelpunkt 10 der rechten Seite angelangt, erst einmal die Arme befestigen. Sie werden im Leinenschlagpaar eingelegt. **[5]**

8. „Charlotte" jetzt bis zum Ende klöppeln. Arbeit mit 8 Schlingknoten beenden. **[6–8]** Fäden und Papierstrick nach 10 cm abschneiden und die Figur stärken.

9. Für den Kopf das Fadenbündel mit dem Papierstrick durch das Kugelloch schieben. Papierstrickenden verknoten – und die Enden von Wolle und Leinenfaden sind

[5]

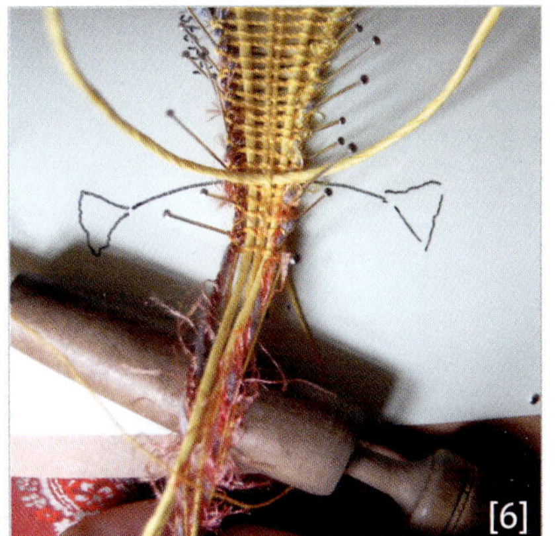
[6]

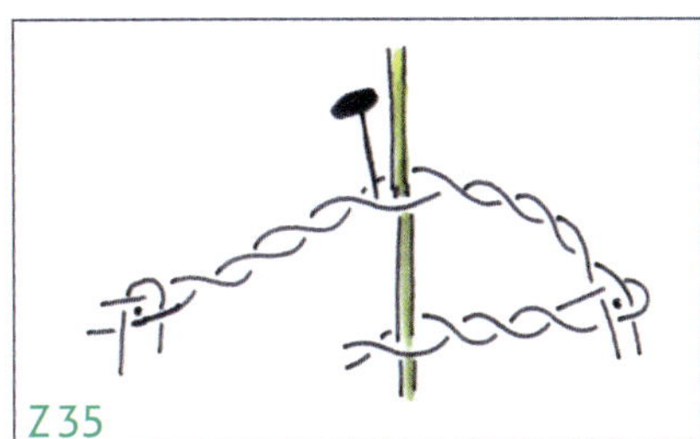
Z 35

die flotte Frisur für „Charlotte". Für Füße und Hände jetzt noch den Papierstrick aufdrehen.

10. Zum Schluss aus Transparentpapier die Flügel basteln, dafür die Schablone verwenden. Am Rücken annähen. Für den Aufhänger am Hals und am Beginn des Leinenschlages 1 Faden befestigen. Zum Ausbalancieren nach links und rechts Fäden spannen.

[7]

[8]

Schritt 15: Formschlag

Weihnachtswichtel Georg

Wie kann man denn die vielen Gaben
immer pünktlich fertig haben?
Wer wird wohl an alles denken,
was der Weihnachtsmann soll schenken?
Gäb es keine Wichtel mehr,
ginge alles kreuz und quer!

Schwierigkeitsgrad:

Zeitaufwand:

75 %

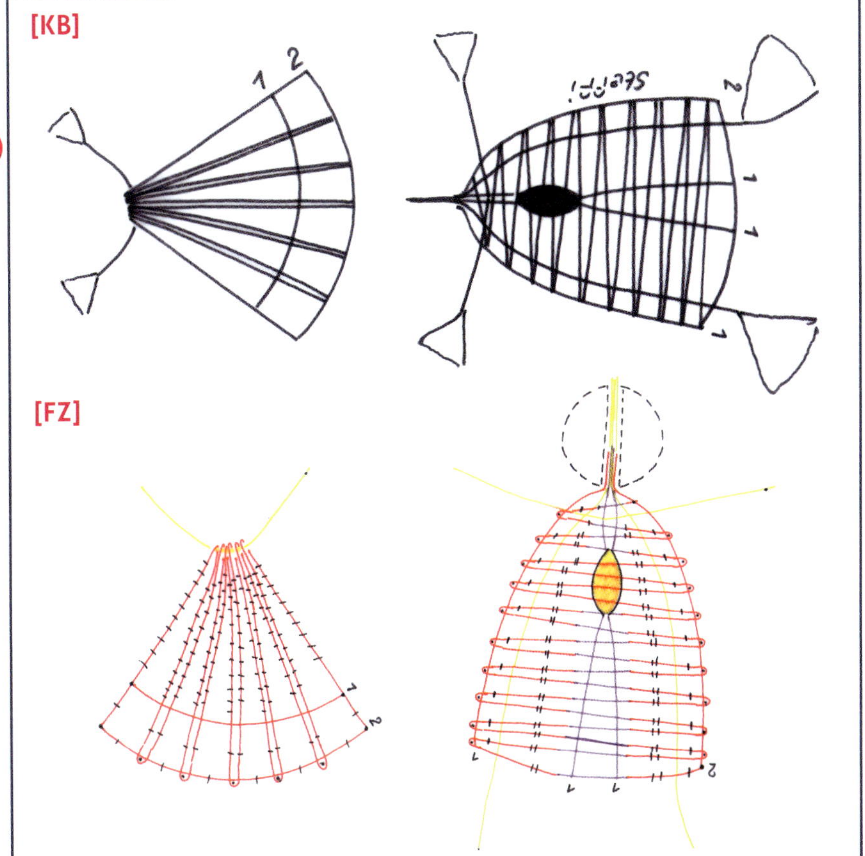

WIR BENÖTIGEN:

- Klöppelbrief „Georg" und dazugehörige Farbcodezeichnung
- 5 Paar Klöppel für den Körper
- 3 Paar Klöppel für die Wichtelmütze
- Klöppelgarn: Goldschild Leinengarn Nel 50/3
- Stecknadeln, Stickschere, Feutrex
- Klöppelpappe, Klebestift, Folie, Papierschere, Alleskleber
- Holzkopf mit Loch und Papierstrick

UND SO WIRD'S GEMACHT:

1. Wichtelchen genau nach der Farbcodezeichnung arbeiten. Z 36 [1]

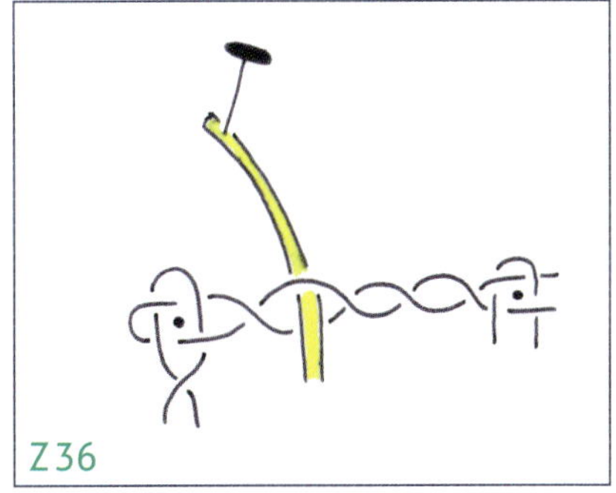
Z 36

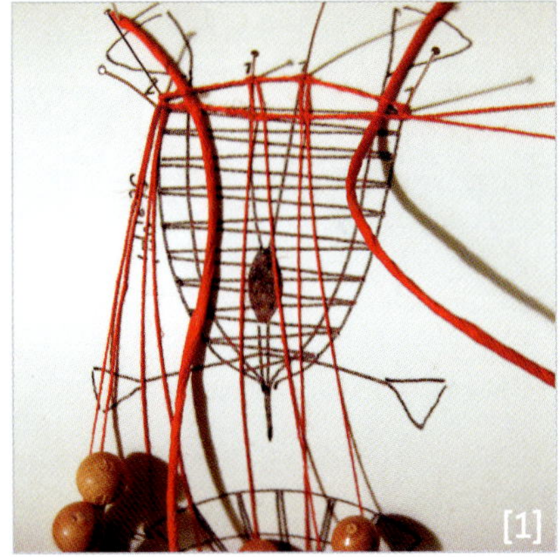
[1]

2. Wenn Nadelpunkt 7 auf der linken Seite erreicht ist, arbeiten die beiden Leinenschlagpaare in der Mitte den ersten Formschlag (in der Farbcodezeichnung **gelb** gekennzeichnet).

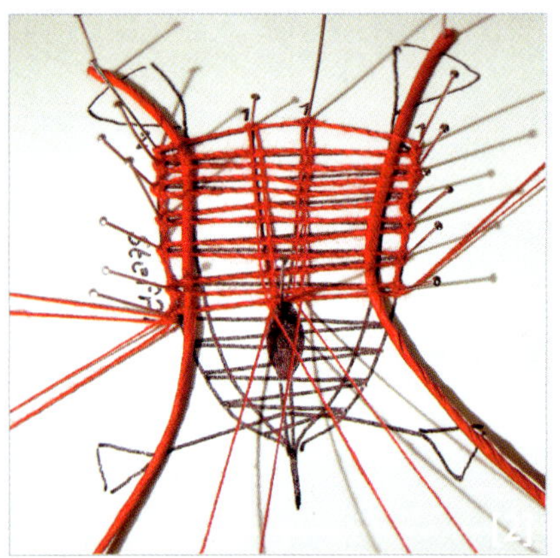

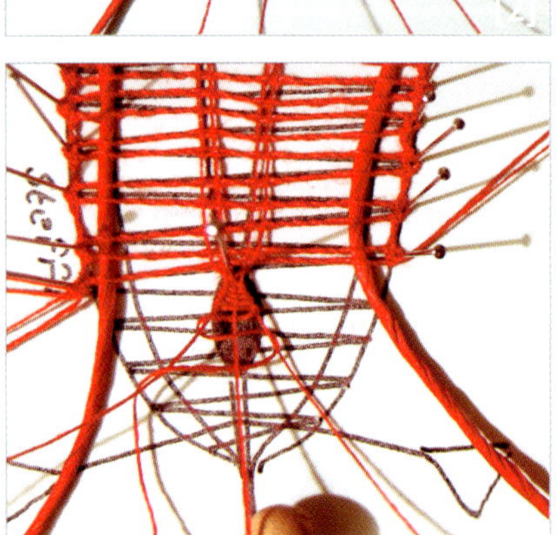

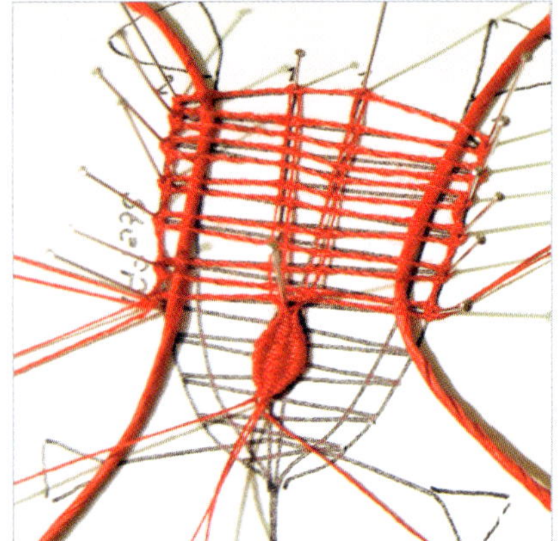

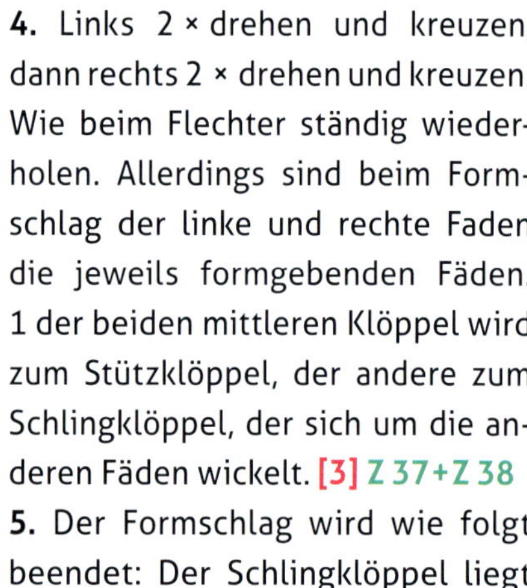

Der Formschlag ist sehr schwierig zu klöppeln. Er verlangt einige Fingerfertigkeit, aber er gelingt mit etwas Übung. Nicht den Mut verlieren!

3. Der Formschlag wird wie folgt gearbeitet: Zwischen die Leinenschlagpaare 1 Nadel setzen, 1 × drehen und kreuzen. **[2]**

4. Links 2 × drehen und kreuzen, dann rechts 2 × drehen und kreuzen. Wie beim Flechter ständig wiederholen. Allerdings sind beim Formschlag der linke und rechte Faden die jeweils formgebenden Fäden. 1 der beiden mittleren Klöppel wird zum Stützklöppel, der andere zum Schlingklöppel, der sich um die anderen Fäden wickelt. **[3] Z 37+Z 38**

5. Der Formschlag wird wie folgt beendet: Der Schlingklöppel liegt

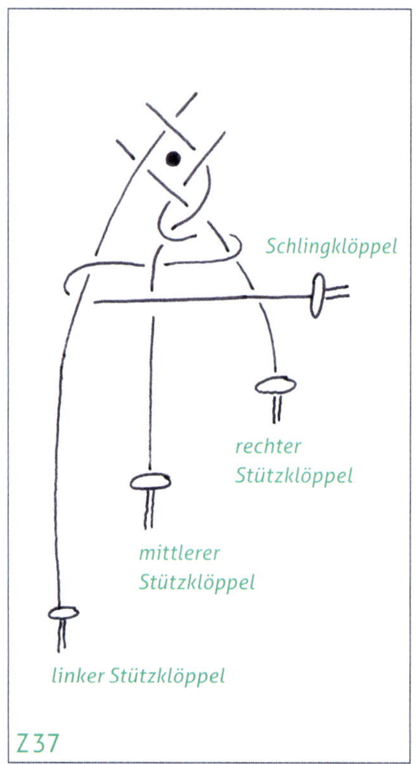

Z 37

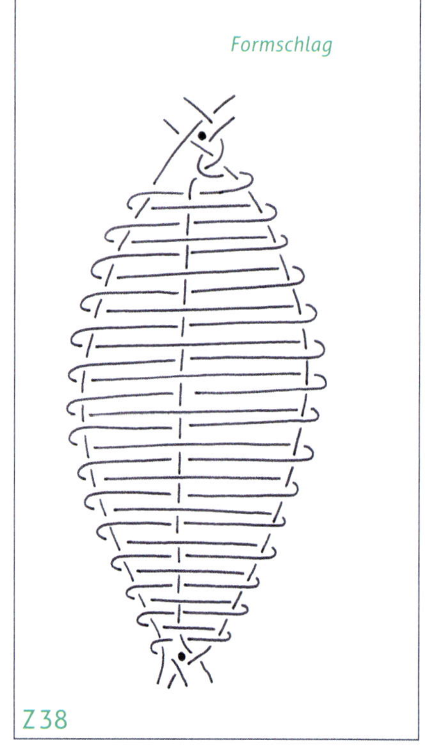

Z 38

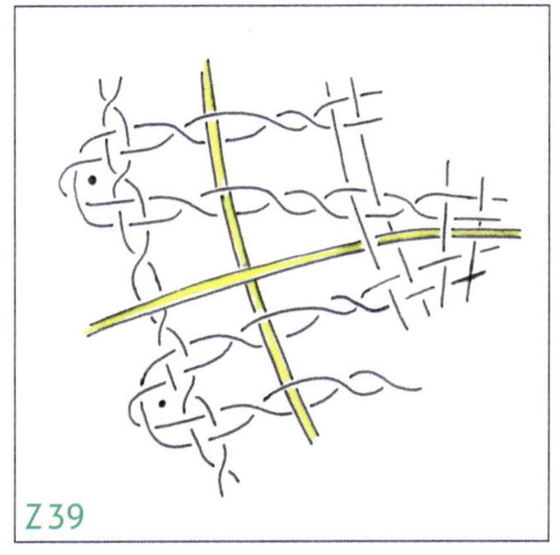
Z 39

rechts außen; rechts drehen und in der Mitte kreuzen. [4]

6. Arme wie in der Zeichnung anlegen. Z 39

7. Wichtelchen Georg ist jetzt fertig: Für die Mütze werden noch 3 Paar benötigt. Das Führpaar jedes Mal über und unter den Papierstrick legen, 1 × drehen und den Papierstrick noch 1 × zwischen das Führpaar legen. [5+6] Wieder bis zum Mützenrand arbeiten.

8. Jetzt noch den Kopf aufsetzen: 2 Fäden bleiben als Aufhänger und werden durch die Mütze geführt. Die Mütze annähen und am Kopf mit ganz wenig Alleskleber befestigen. Oben den Papierstrick einfach aneinanderknoten.

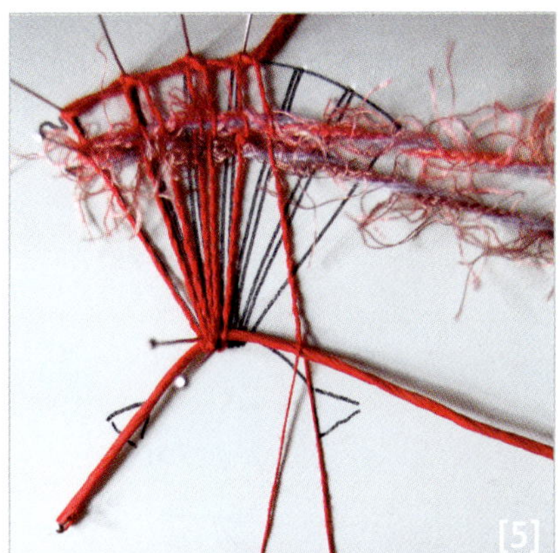
[5]

[6]

Schritt 16:
Das gedrehte Picot

Schneeflöckchen

Spitzenzarter Traum aus Eis
schwebt vom Himmel federweiß.
Ist bald müde von der Reise,
schaut sich um und landet leise.

Schwierigkeitsgrad:  

Zeitaufwand:  

100 %

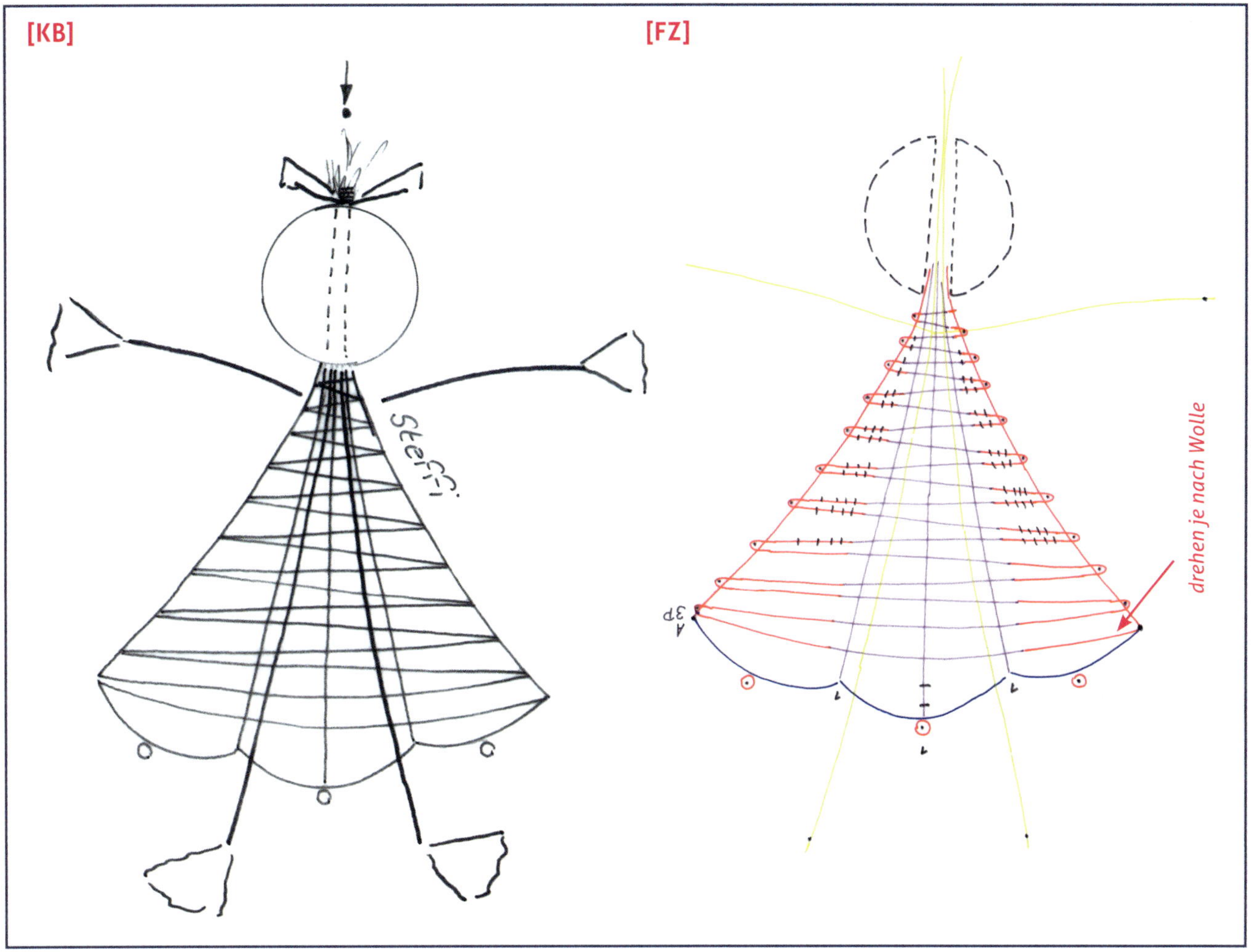

[KB]

Steffi

[FZ]

drehen je nach Wolle

WIR BENÖTIGEN:

- Klöppelbrief „Schneeflöckchen" und dazugehörige Farbcodezeichnung
- 6 Paar Klöppel
- Klöppelgarn: Goldschild Nel 50/3
- Stecknadeln, Stickschere, Feutrex
- Klöppelpappe, Klebestift, Folie, Papierschere
- Holzkopf mit Loch, Papierstrick

☛ UND SO WIRD'S GEMACHT:

1. Am Punkt A mit 3 Paaren beginnen. Mit den beiden linken Paaren bis zum ersten roten Kreis auf der Farbcodezeichnung flechten.

2. Dort 1 gedrehtes Picot arbeiten: Dafür das äußere Paar (Führpaar) 7 × drehen. **Z 40** Die Nadel schlingt sich um den oberen Faden **Z 41+42** **[1]**

3. Wenn an diesem Faden gezogen wird, bewegt sich der andere Faden in die gleiche Richtung. Diesen um die Nadel legen. **[2]** **Z 43** Danach 1 Ganzschlag arbeiten: **Z 44**

4. Am nächsten Nadelpunkt das vierte Paar einsetzen. **[3]** **Z 45** Nach der Farbcodezeichnung bis zur linken Randnadel arbeiten. **[4]**

5. Am vierten Nadelpunkt der linken Seite das Wollklöppelpaar gegen 1 Leinenschlagpaar austauschen. **[5+6]**

6. Das Schneeflöckchen wie gewohnt beenden **[7+8]** und verknüpfen. **[9–12]**

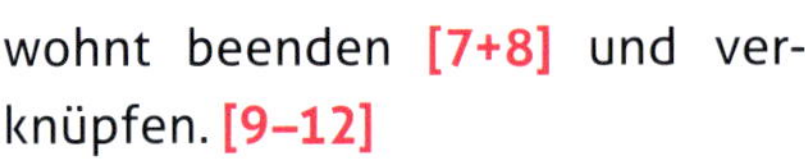

7. Nadeln ziehen und das obere Ende des Kleidchens durch die bemalte Holzperle fädeln und hübsch verknoten. Fertig!

[1]

[2]

[3]

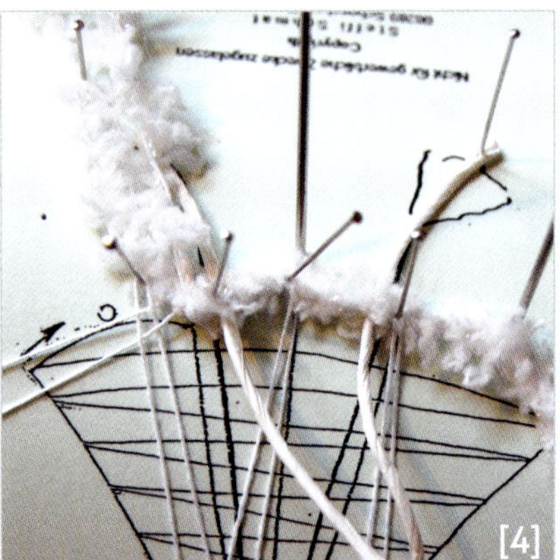
[4]

Z 40

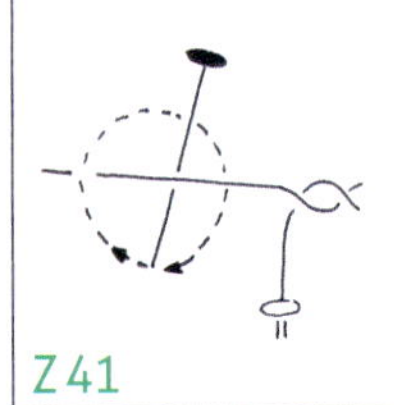
Z 41

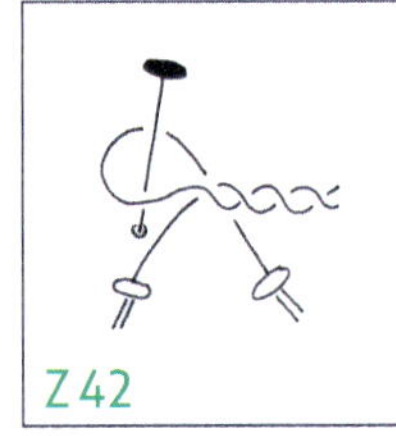
Z 42

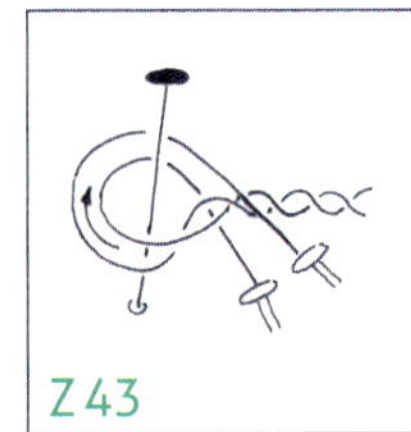
Z 43

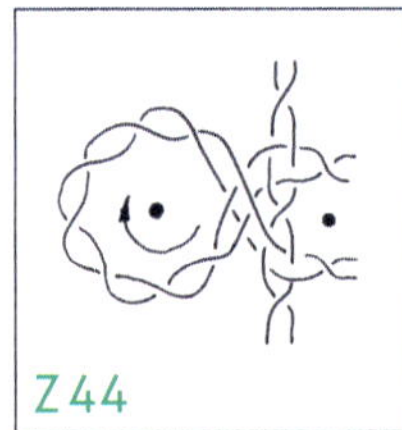
Z 44

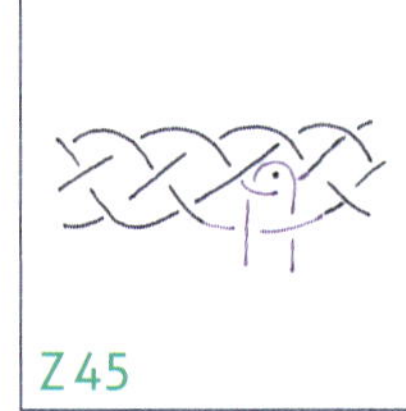
Z 45

[5]
[6]
[7]
[8]
[9]
[10]
[11]
[12]

Jakobsmuscheln

Wunderschön und bunt,
lebt am Meeresgrund,
folge diesem Zeichen,
wirst dein Ziel erreichen.

Schwierigkeitsgrad:

Zeitaufwand:

90 %

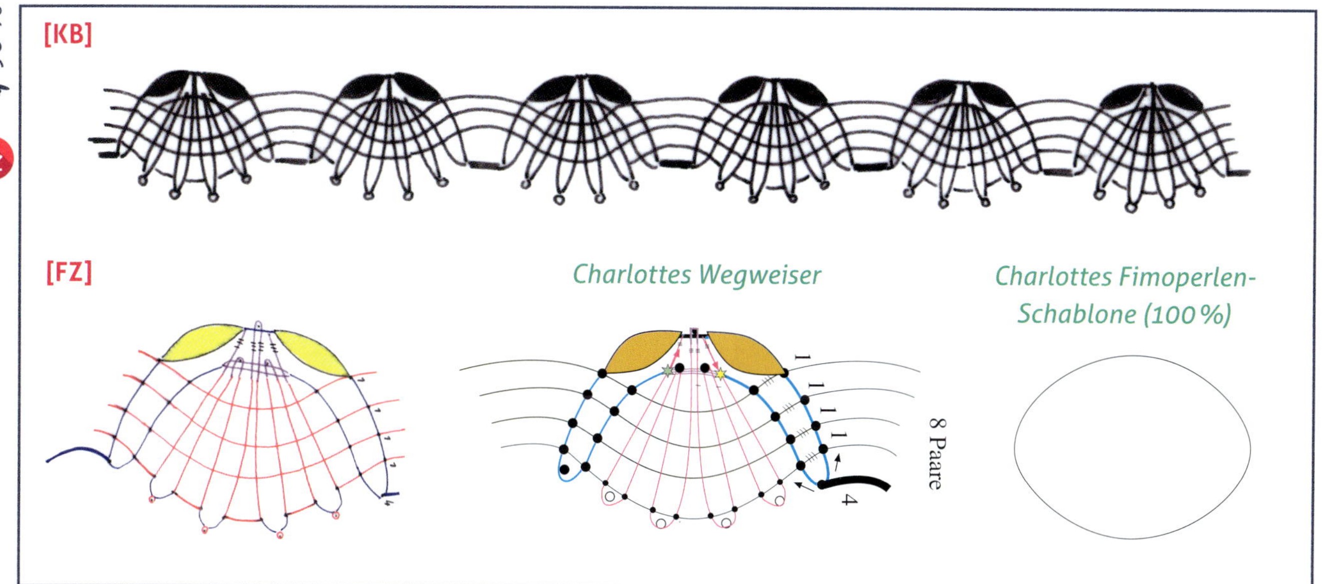

WIR BENÖTIGEN:

- Klöppelbrief „Jakobsmuschel" und dazugehörige Farbcodezeichnung
- Charlottes Fimoperlen-Schablone
- 8 Paar Klöppel
- Klöppelgarn: Valdani Hand-Dyse Varigated Colorfast, Madeira Stickgarn oder YLI Quilting Garn
- Stecknadeln, Stickschere, Vorstecher, Feutrex
- Klöppelpappe, Klebestift, Folie, Papierschere

Bei Garnen mit Farbverläufen können die „neuen Schläge" gezielt farbig gestaltet werden, indem man die gewünschte Farbe einfach als den farbbildenden Klöppel benutzt.

UND SO WIRD'S GEMACHT:

Beginn

1. An der oberen rechten Nadel 4 Paare einhängen und mit Schlingknoten verbinden – bis zum tatsächlichen Beginn der Spitze. Dort 1 vierpaarige Verbindung arbeiten und die Paare teilen. **[1]**

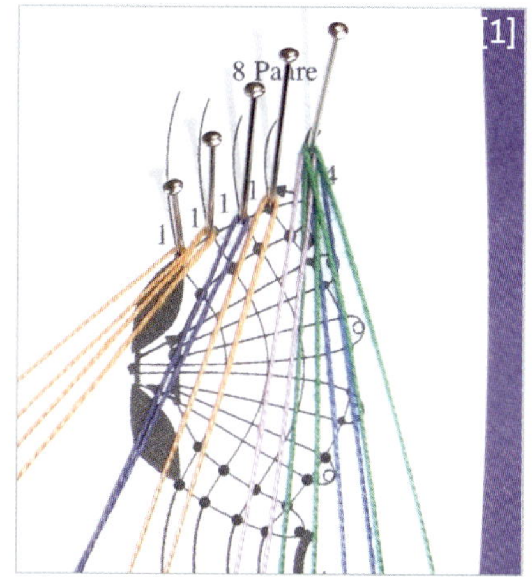

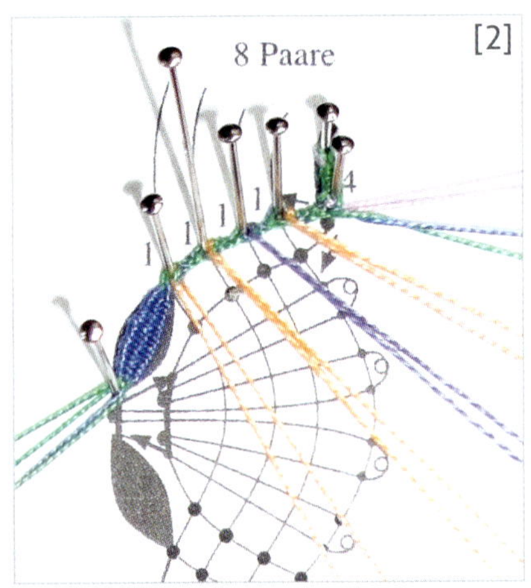

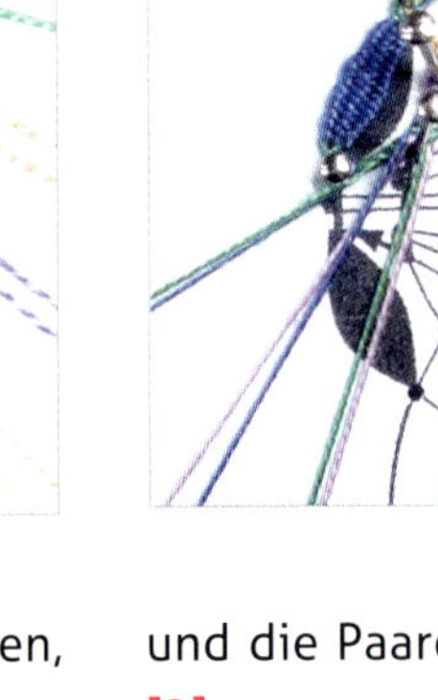

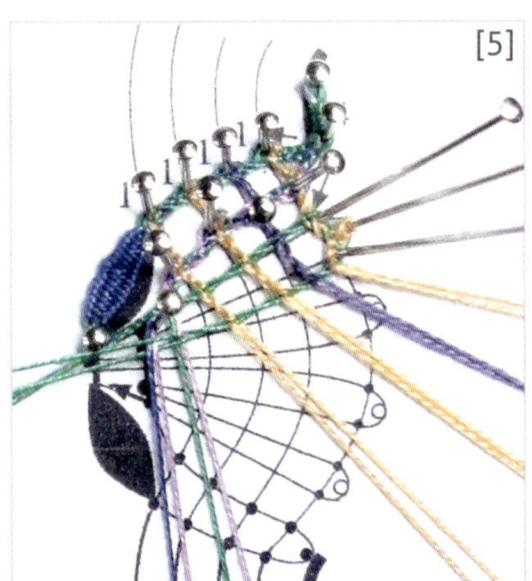

2. 2 Paare nach rechts wegstecken, die anderen 2 Paare als Flechter nach unten führen. Sie nehmen die restlichen 4 Paare mit je 1 dreipaarigen Verbindung auf.

3. Nach dem Formschlag 1 Nadel stecken, 1 Ganzschlag klöppeln und die Paare links liegen lassen. **[2]**

8 Paare [3]

4. Das rechte obere Flechterpaar wie in der Farbcodezeichnung angegeben durch die 4 Drehpaare arbeiten.

5. Das rechte Paar aus dem Formschlag wird nun zum Führpaar. Oben wird nach der Nadel 1 Ganzschlag geklöppelt, dann 1 Picot gearbeitet. Nach erneutem Ganzschlag wieder 1 Nadel stecken. Weiter nach Farbcodezeichnung arbeiten. **[3–6]**

Ende der Muschel

6. Am grünen Stern nach der dreipaarigen Verbindung **(Z 46)** Muschel zwischen die vormaligen

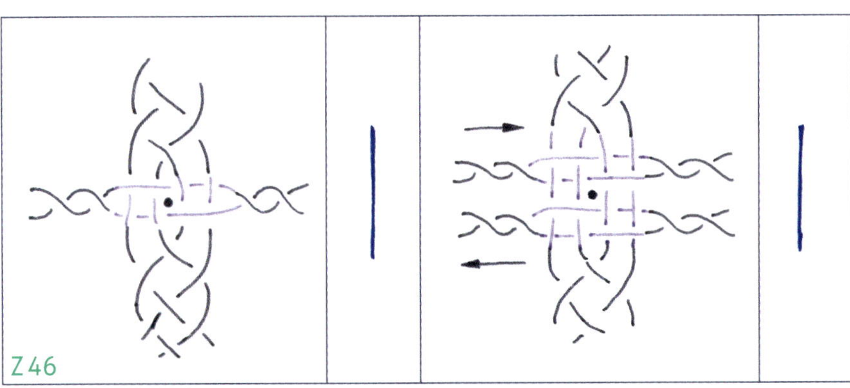

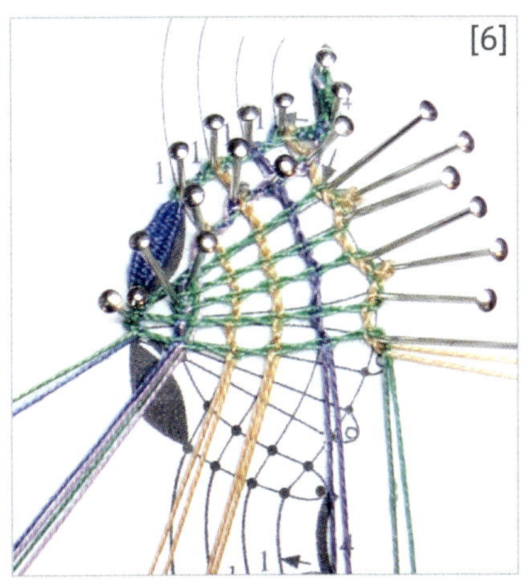

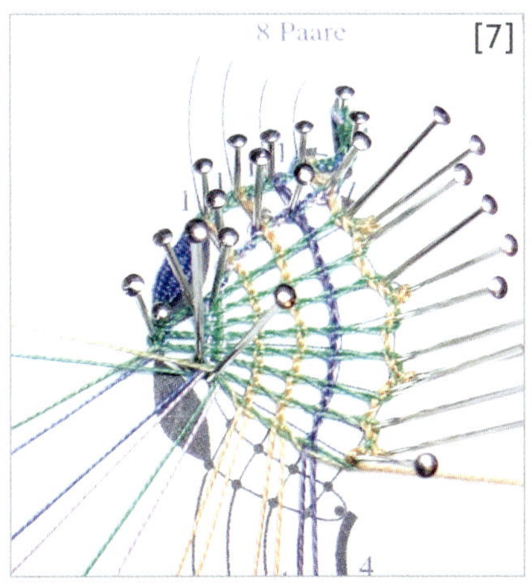

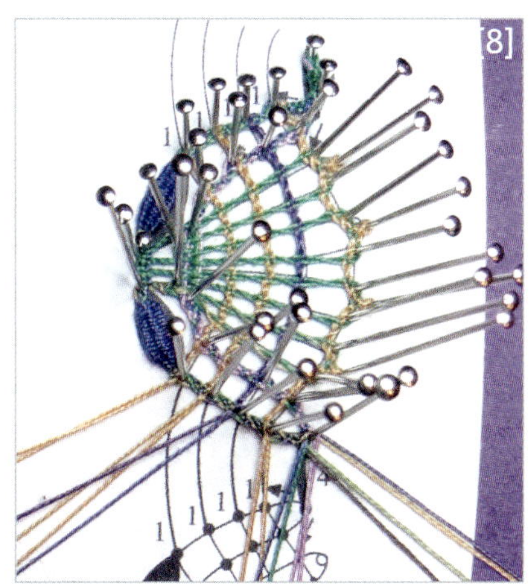

Flechterpaare 1 Nadel stecken und laut Farbcodezeichnung durch die 4 Drehpaare arbeiten. **[7+8]**

7. An der rechten oberen Spitze zwischen das Flechterpaar 1 Nadel stecken und dieses vorerst beiseitelegen.

8. Das untere Paar findet nach 3 × Drehen des Läuferpaares im Leinenschlag wieder zusammen und arbeitet 1 Formschlag. Dann läuft es ebenfalls als Flechter mit dreipaarigen Verbindungen durch die vorher gedrehten Einzelpaare nach oben.

9. An der oberen rechten Spitze mit dem über der Nadel liegenden Flechterpaar 1 vierpaarige Verbindung klöppeln und 1 Nadel stecken. Paare abknüpfen.

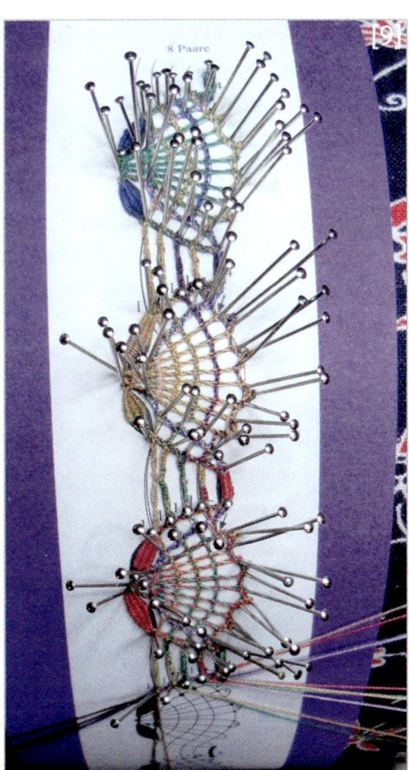

Zwischen den Muscheln

10. Die fertige Spitze zum Schluss auseinanderschneiden, um die Muscheln später zu Perlen zu verarbeiten. Darum nach jeder Muschel wie nach Beendigung einer Klöppelarbeit abknüpfen und die langen Schlingknoten bis zum Beginn der nächsten Muschel heranführen.

11. Am oberen rechten Rand 4 Paare durch den Schlingknoten zusammenfassen, alle übrigen Paare einzeln abknüpfen. **[9]**

Regentropfenband

Bin weit übers Land gegangen,
Regenbogen einzufangen,
zartes Regentropfenband
windet sich um meine Hand.

Schwierigkeitsgrad:

Variante 1 mit Formschlägen:

Variante 2 ohne Formschläge:

Zeitaufwand:

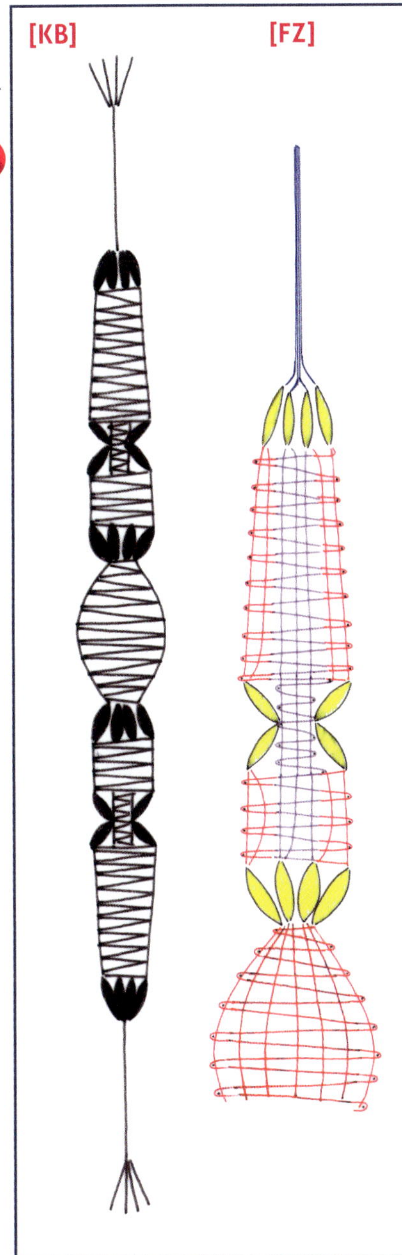

WIR BENÖTIGEN:

- Klöppelbrief „Regentropfen" und dazugehörige Farbcodezeichnung
- 8 Paar Klöppel in verschiedenen Farben (Gelb, Orange, Rot, Pink, Violett, Blau, Grün)
- 1 Führpaar mit Farbverlauf
- Klöppelgarn: Risspaare – Moravia Leinengarn farbig NeL 40/2 oder Bockens Lingarn 35/2; Führpaar – Valdani Hand-Dyse Varigated Colorfast, Madeira Stickgarn oder YLI Quilting Garn
- Stecknadeln, Stickschere, Vorstecher, Feutrex
- Klöppelpappe, Klebestift, Folie, Papierschere

UND SO WIRD'S GEMACHT:

Beginn

1. Alle Paare über 1 Nadel legen und mit 5 Schlingknoten miteinander verbinden. Dann die 4 Paare nach Farbe sortieren.

2. Mit diesen 4 Farbpaaren 1 Flechter arbeiten und vor Beginn der Formschläge mit 8 bis 10 Schlingknoten verknüpfen.

Variante 1

3. Die 4 Farbpaare wiederum wie zu Beginn sortieren und mit ihnen 4 Formschläge klöppeln.

4. Paare farbsortiert auf den Klöppelbrief verteilen: Gelb und Orange, Pink und Rot, Lila und Blau, Grün und das mehrfarbige Führpaar ganz rechts. **[1]**

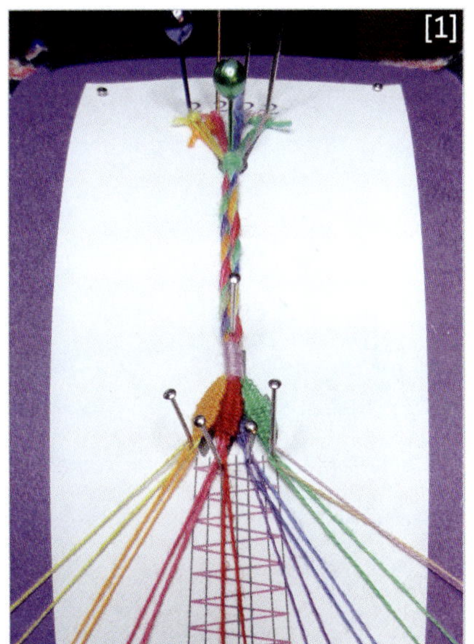
[1]

[2]

Erstes Armbandglied

5. Von rechts nach links das Führpaar durch alle Paare hindurchführen und weiter nach der Farbcodezeichnung arbeiten. **[2]**

Der „Schmetterling" mit Formschlägen

6. Das Führpaar und das grüne Paar nach rechts, das gelbe und orangefarbene Paar nach links legen, diese bilden die Formschläge. Das blaue Paar wird jetzt zum inneren Führpaar.

7. Mit dem blauen Führpaar von rechts nach links mit den 3 mittleren Paaren Leinenschlag klöppeln, bis auf dem Klöppelbrief die Formschläge die Mitte berühren. **[3]**

8. Die beiden Formschläge von links und rechts zur Mitte arbeiten und zuerst rechts mit dem blauen Führpaar 1 dreipaarige Verbindung klöppeln und 1 Nadel stecken. Danach auf der linken Seite mit dem Führpaar und dem Formschläge-Paar 1 dreipaarige Verbindung arbeiten.

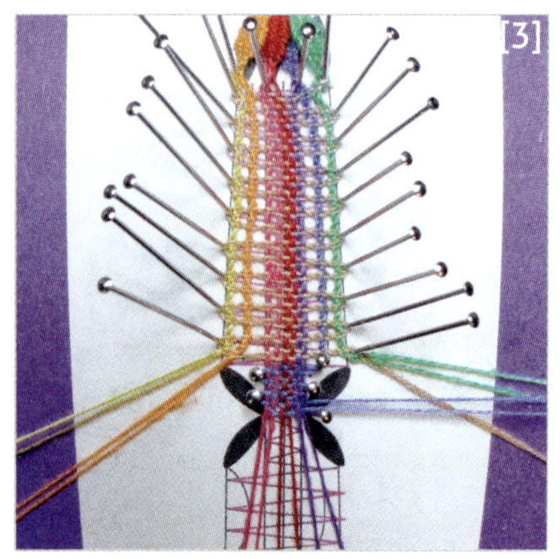
[3]

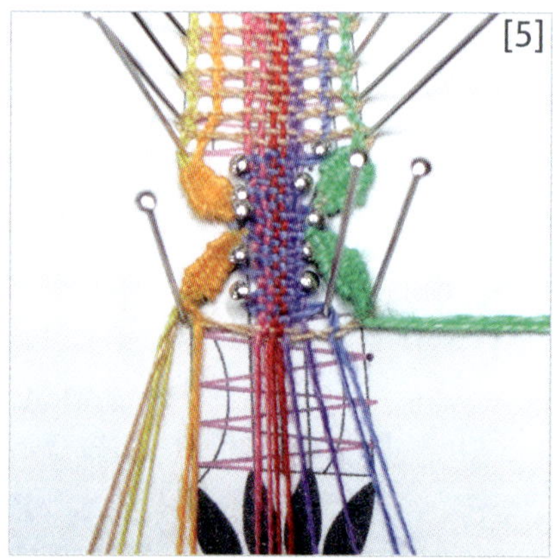
[5]

[7]

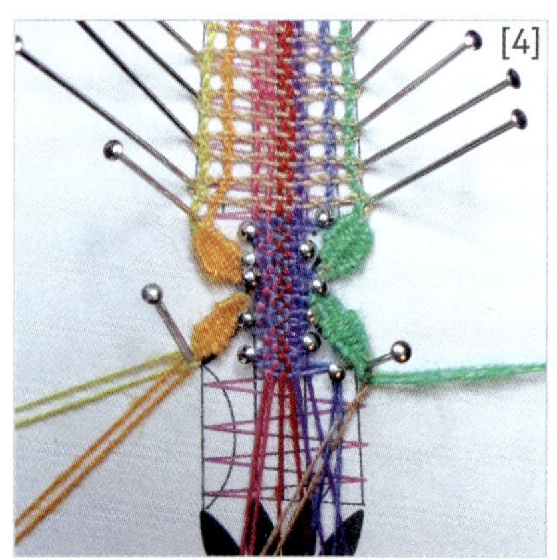
[4]

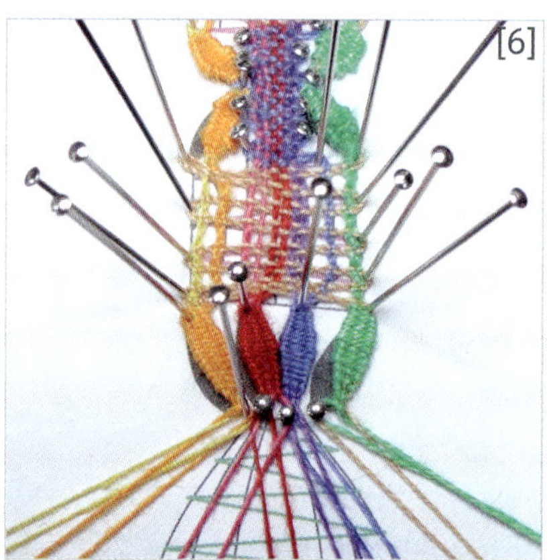
[6]

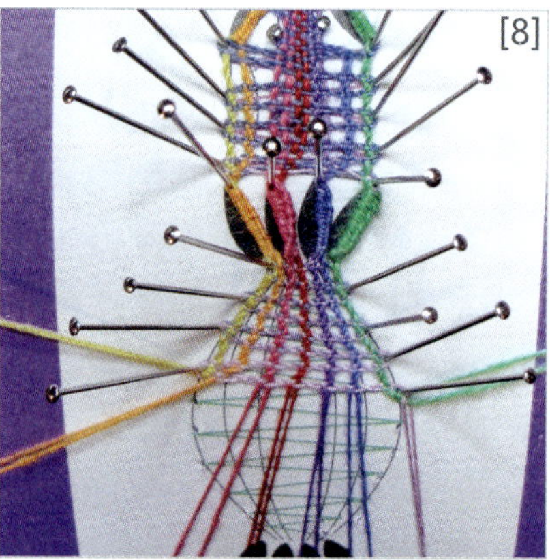
[8]

9. Die Formschläge und das Leinenschlagbändchen in der Mitte beenden. **[4]**

Das Zwischenstück

10. Die Paare treffen alle wieder zusammen. Das blaue Führpaar mit 1 Nadel in seiner ursprünglichen Position fixieren. Unter dem rechten Formschlag 1 Nadel stecken, so dass das ursprüngliche Führpaar rechts liegt. Anschließend 1 Ganzschlag ausführen, das grüne Paar ist nun wieder das rechte Randpaar. **[5]**

11. Mit dem Führpaar mit Farbverlauf und dem blauen Paar 1 Ganzschlag klöppeln, 1 × drehen und weiter im Leinenschlag durch Lila, Rot und Pink klöppeln.

12. Anschließend das Führpaar 1 × drehen und mit Orange und Gelb vom rechten Formschlag 1 dreipaarige Verbindung arbeiten.

13. Führpaar wieder 1 × drehen und nach rechts mit Leinenschlag durch Pink, Rot und Lila führen. Mit Blau und Grün 1 Ganzschlag klöppeln.

14. Von jetzt an alles wieder wie in der Farbcodezeichnung angegeben weiterklöppeln bis zu den mittleren Formschlägen.

15. Nun die **mittleren Formschläge** arbeiten: Führpaar und grünes Paar bilden wieder den rechten Formschlag: Gelb mit Orange, Pink mit Rot, Lila mit Blau.

16. Nun Formschläge bis zur Mittelperle arbeiten und ordnen, so dass die Paare wieder in geordneter Reihenfolge liegen. **[6]**

Die Mittelperle und Abschluss

17. Mittelperle sowie bis zum Schluss nach der Farbcodezeichnung arbeiten.

18. Zum Schluss die fertige Spitze vorsichtig stärken und 30 Minuten trocknen lassen. Nadeln ziehen – fertig! **[7]**

Variante 2

Variante 2 kommt ohne Formschläge aus und ist darum viel einfacher.

Anstelle von Formschlägen werden die Paare mit Schlingknoten verbunden. Dabei ist es besonders wichtig, die richtige Farbe für den Knüpfklöppel zu verwenden. **[8]**

Schritt 17: Paddepootje

Vögelchen

Die Täubchen Li und Lo,
gehen nicht aufs Klo,
kaum ziehst du die Nase ein,
schon fliegt dir ein Klecks aufs Bein.

Schwierigkeitsgrad: 

Zeitaufwand:

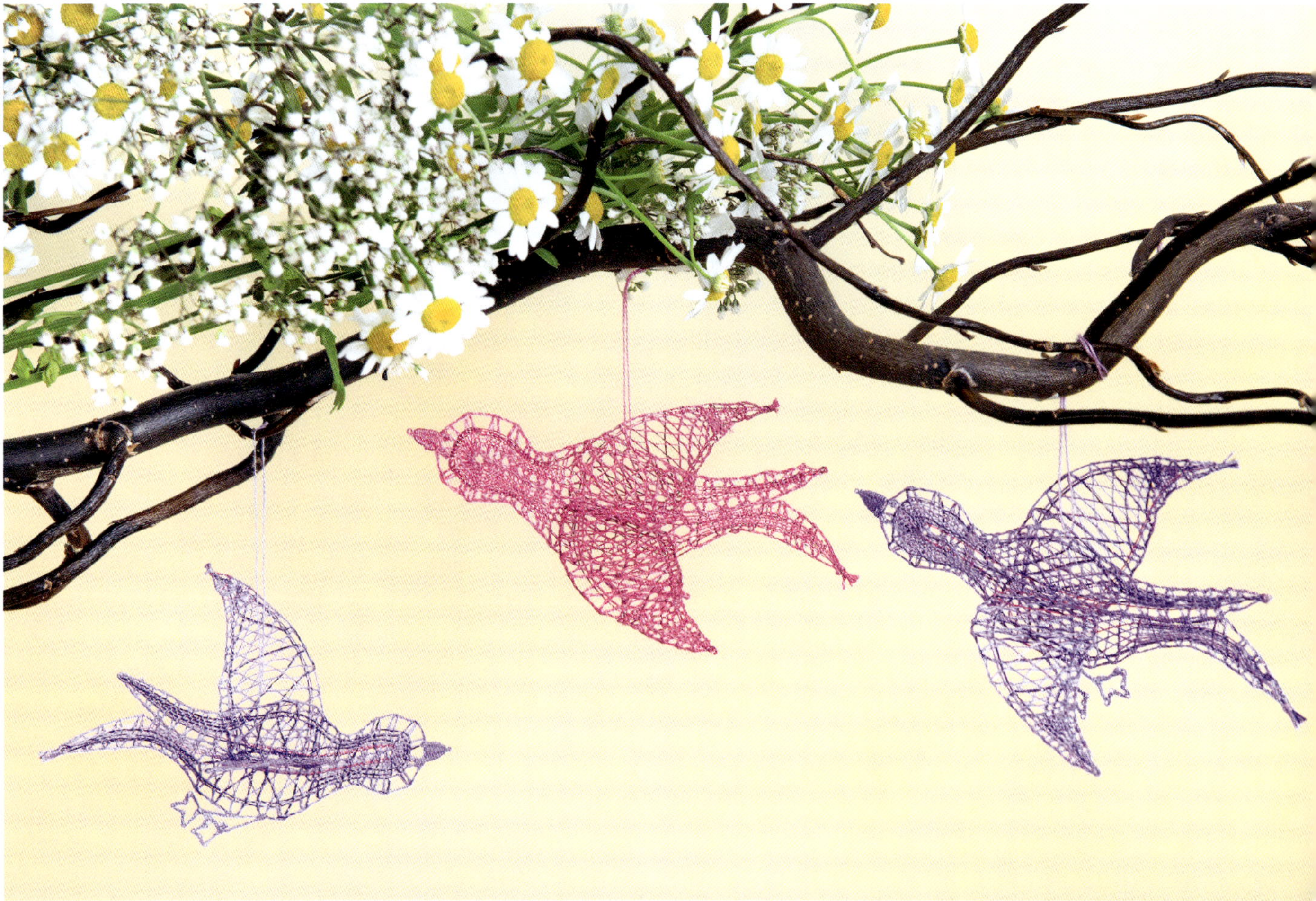

85 %

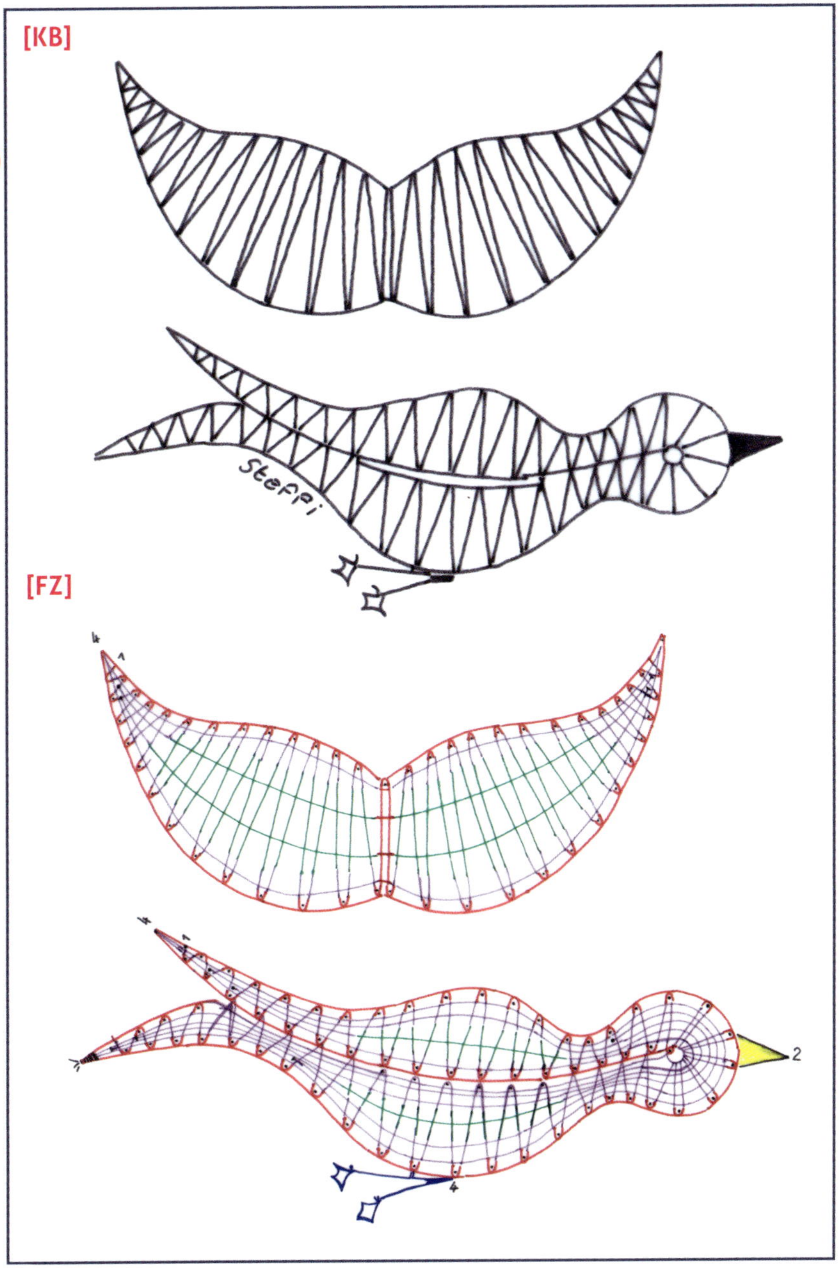

[KB]

[FZ]

WIR BENÖTIGEN:

- Klöppelbrief „Vögelchen" und dazugehörige Farbcodezeichnung
- 7 Paar für den Körper, 4 Paar für die Füße, 2 Paar für Schnabel, 7 Paar für die Flügel
- Klöppelgarn: Bockens 35/2
- Stecknadeln, Stickschere, Häkelnadel 0,5, Feutrex
- Klöppelpappe, Klebestift, Folie, Papierschere

UND SO WIRD'S GEMACHT:

1. An der Schwanzspitze mit 4 Paaren beginnen (nach dem gleichen Prinzip wie beim Beginn mit 3 Paaren, siehe Z 28, S. 38). 3 schwarze Punkte in der Farbcodezeichnung markieren die Stellen, an denen 1 Paar im Leinenschlag zugenommen werden muss. [1] Vögelchen bis zur Ganzschlagnadel vor dem Auge arbeiten. Dort beginnt das Paddepootje. Z 47

2. Noch 1 × die Nadel wie gewohnt auf den Außenrand setzen und wieder nach innen gehen.

3. Dort das Führpaar über das innere Paar legen und dann wieder darunter hinweg. [2+3]

Der niedliche Name Paddepootje kommt übrigens aus dem Niederländischen und heißt so viel wie Froschfüßchen. Seinen Ursprung hat er im belgischen Brügge, wo man wohl die besondere Klöppeltechnik erfand, um Fäden elegant um eine Kurve zu führen.

4. Nadel setzen. Diese rückt ständig weiter, bis das Führpaar einen neuen Nadelpunkt auf der Zeichnung erreicht.

5. Jetzt das innere Paar an der Ausgangsnadel anhäkeln. Das Paddepootje ist fertig! **[4–6]**

6. An 5 Nadelpunkten nach und nach anhäkeln. Danach 6 Nadelpunkte nicht anhäkeln: Hier werden später die Flügel durchgesteckt. Den Körper laut Farbcodezeichnung beenden und die Flügel arbeiten.

7. Vögelchen stärken. Flügel durch den Schlitz stecken und annähen.

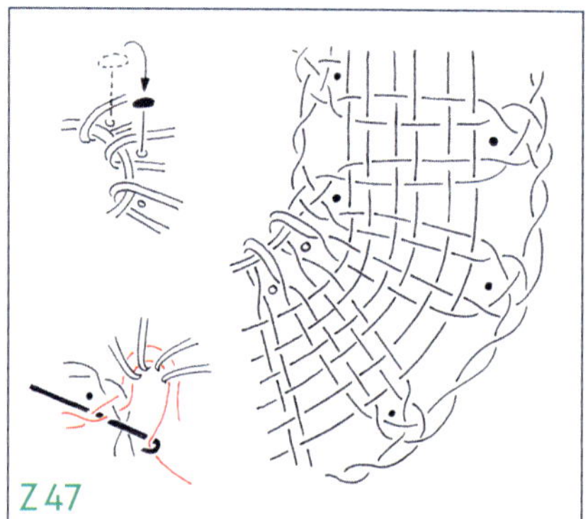

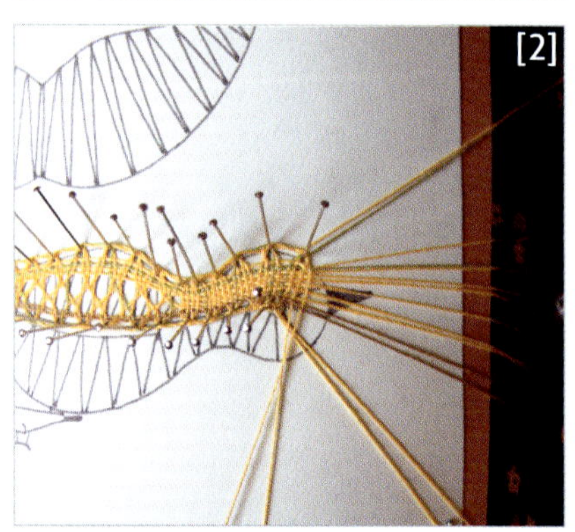

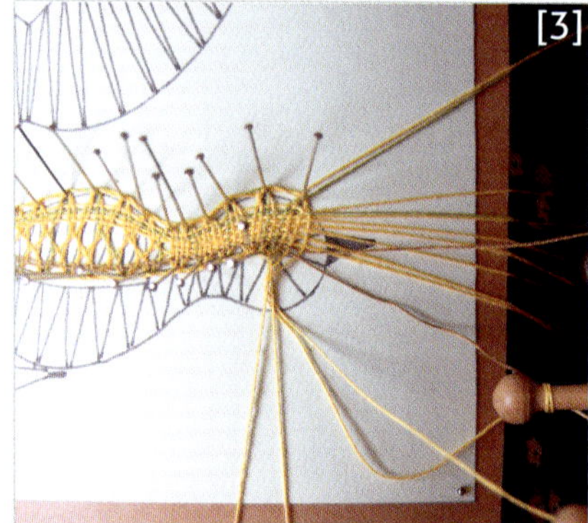

Schritt 18: Wirrgrund

Tanzende Blätter

Hui, was für ein Wetter,
Wind fährt durch die Blätter –
fang mir eins ruckzuck,
trage es als Schmuck.

Schwierigkeitsgrad:   

Zeitaufwand:  

100 %

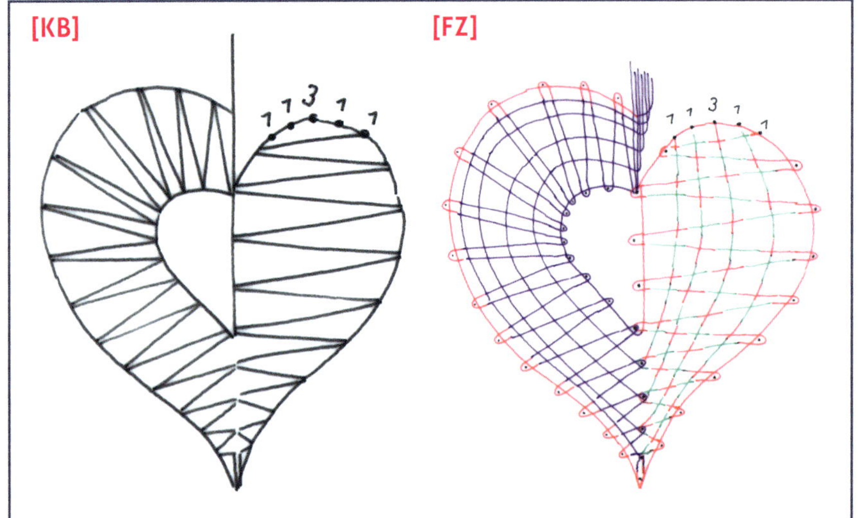

Blatt 1

WIR BENÖTIGEN:

- Klöppelbrief „Blatt" und dazugehörige Farbcodezeichnung
- 7 Paar Klöppel
- Klöppelgarn: Goldschildgarn Nel 50/3 (und Garn in herbstlichen Farben nach Geschmack)
- Stecknadeln, Stickschere, Feutrex
- Klöppelpappe, Klebestift, Folie, Papierschere

UND SO WIRD'S GEMACHT:

1. Das erste Herbstblatt an der rechten Blatthälfte beginnen. Diese Blatthälfte wird im sogenannten **Wirrgrund** gearbeitet.

✎ Der Wirrgrund klöppelt sich prima, erfordert aber etwas Konzentration. Das sollte aber zu schaffen sein!

2. Dazu 1 Paar mit Wolle und 1 Paar mit Leinen quer über den Klöppelsack legen. Ein drittes Paar über die Nadel legen.

3. Jetzt 1 Ganzschlag klöppeln. **[1]**

4. Die beiden Paare mit je 1 Klöppel mit Wolle nehmen alle noch fehlenden Paare auf.

5. Nun folgt 1 Reihe im Wechsel von Halb- und Ganzschlag. Die folgende Reihe im Versatz arbeiten. Das bedeutet, das Paar, das in der vorherigen Reihe 1 Halbschlag gearbeitet hat, arbeitet nun 1 Ganzschlag – und umgekehrt (gut in der Farbcodezeichnung zu erkennen). **[2]**

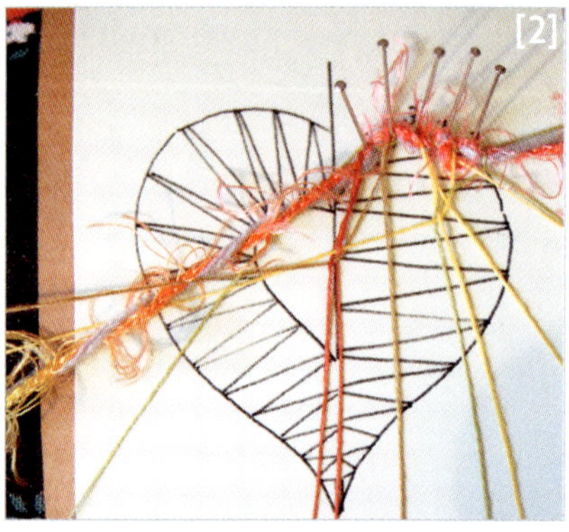

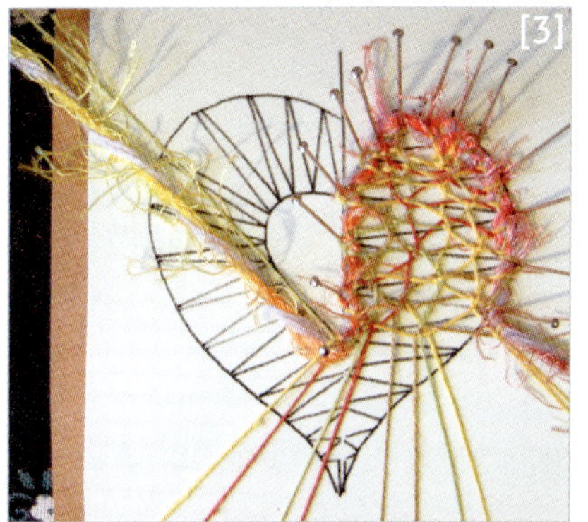
[3]

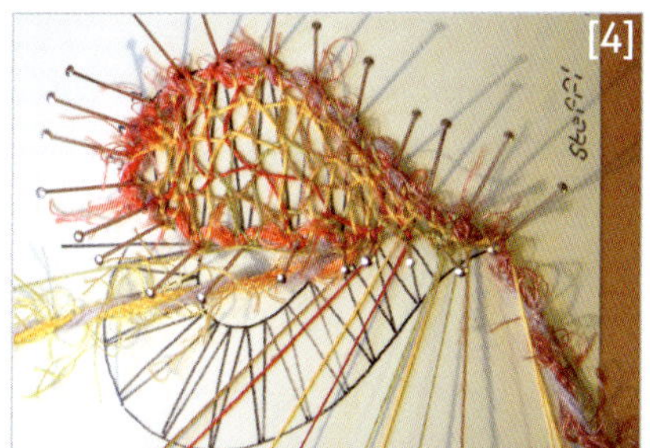
[4]

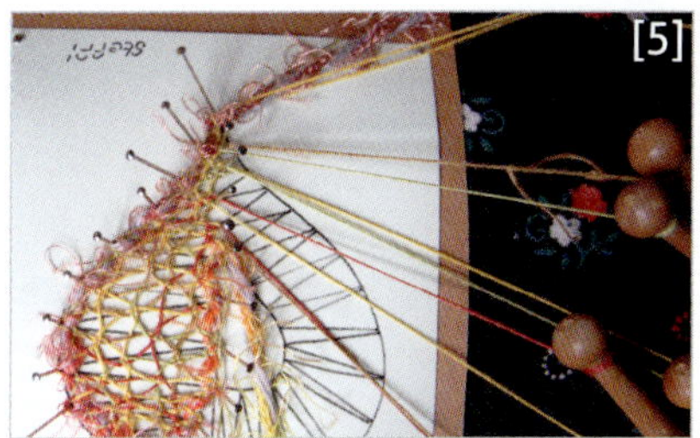
[5]

[6]

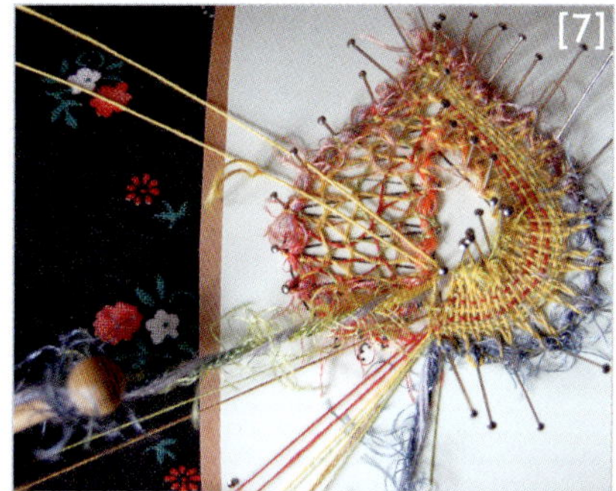
[7]

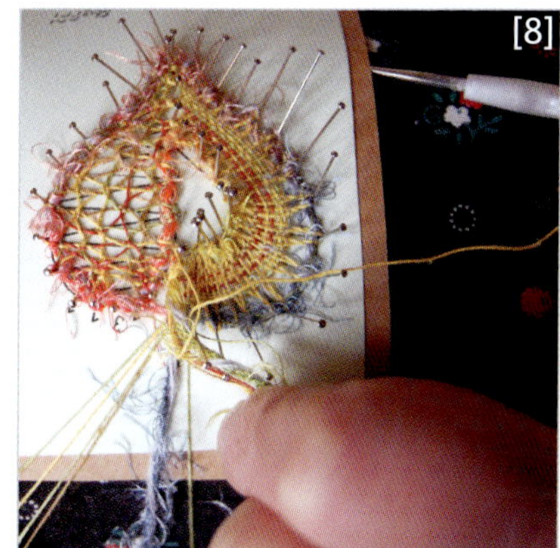
[8]

[9]

6. So fortfahren bis zur ersten inneren Ecknadel. **[3]**

7. Ab jetzt bis zur Spitze an jeder inneren Ecknadel 1 Paar nach der Nadel liegen lassen. **[4]** Die Rolle oder das Flachkissen drehen. **[5]** Die liegengebliebenen Paare mit Leinenschlag, Nadel, Leinenschlag wieder aufnehmen. **[6]**

8. Wenn alle Paare am Schluss angekommen sind, von innen nach außen mit Schlingknoten beenden, so dass der Blattstiel entstehen kann. **[7–9]**

Blatt 2

Für einen richtigen Herbst benötigen wir aber doch noch ein paar Blätter mehr. Da könnten wir doch gleich einmal unser bisheriges Wissen überprüfen. Keine Angst, ich helfe dir! Ich gebe einfach die Seitenzahlen der bisherigen Schritte an. Es kann also gar nichts schiefgehen. Los geht's!

WIR BENÖTIGEN:

- Klöppelbrief „Blatt" und dazugehörige Farbcodezeichnung
- 4 Paar Klöppel
- Klöppelgarn: Goldschild Nel 50/3, 1 Paar mit Wolle gewickelt
- Stecknadeln, Stickschere, Feutrex
- Klöppelpappe, Klebestift, Papierschere

100 %

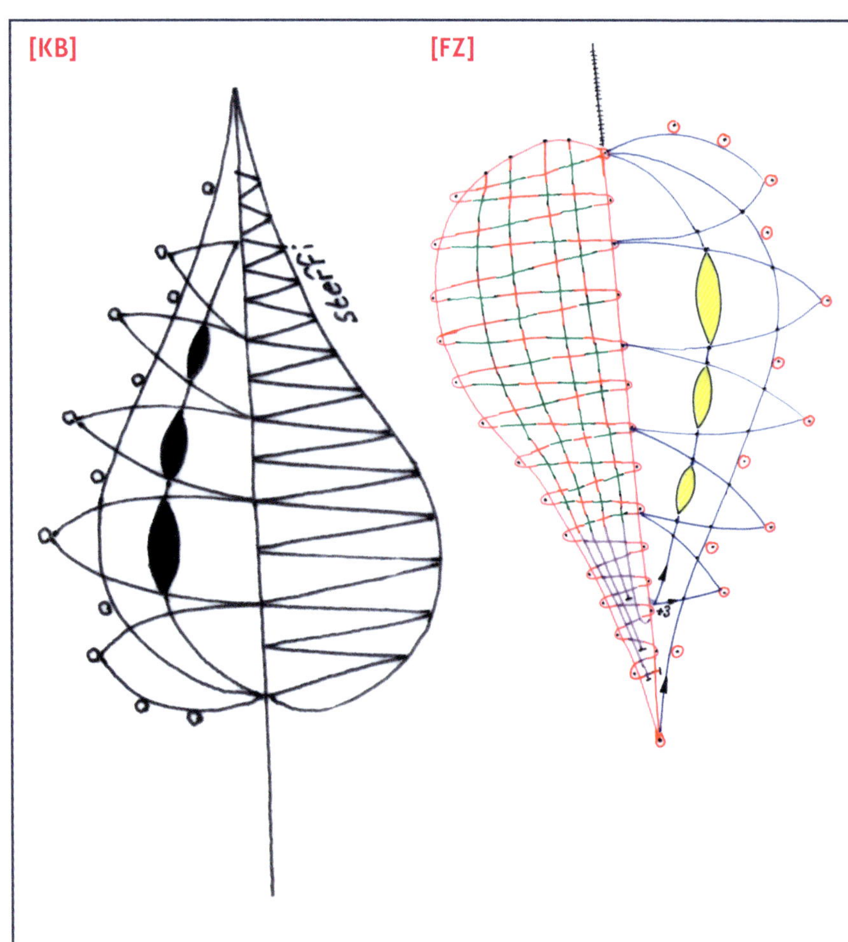

UND SO WIRD'S GEMACHT:

1. Wie beim ersten Blatt mit 3 Paaren beginnen. [Z 28, S. 38] Wirrgrund bis zum Übergang zum Leinenschlag arbeiten. Paare entfernen [Z 32, S. 41].

2. Am Nadelpunkt 12 der Innenseite 4 Paare anhäkeln.

3. Weiter geht es mit gedrehten Picots [Z 40–44, S. 56] und der vierpaarigen Verbindung [Z 46, S. 60].

4. Am Schluss die Paare mit dem Anfang durch Anhäkeln verbinden und so verknüpfen, dass ein „Blattstiel" entsteht.

Na, das klappte doch perfekt – nun können die echten Blätter fallen. Und wenn genug Blätter gefallen sind, kommt bekanntlich Weihnachten und damit der Tannenbaum …

Schritt 19: Der Umkehrschlag

Tannenbaum

Felder sind schon leer,
Blumen blühn nicht mehr.
Draußen ist es kalt,
gehe in den Wald.
Hab' nach nur zwei Runden
Weihnachtsbaum gefunden.

Schwierigkeitsgrad:   

Zeitaufwand:      

100 %

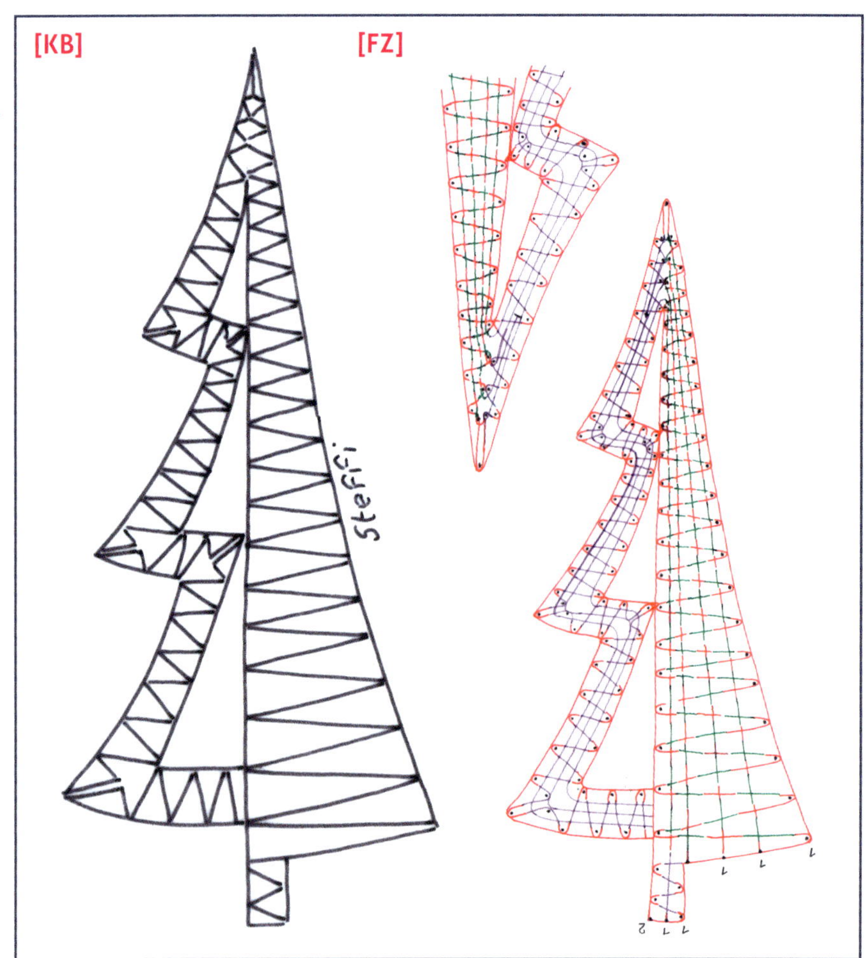

UND SO WIRD'S GEMACHT:

1. Den Stamm mit 2 Paaren beginnen. Die linke Baumhälfte im Wirrgrund arbeiten. **[1]**

2. An der Spitze an jeder inneren Nadel ein Paar liegen lassen. **[2]**

3. Oben angelangt, die Rolle oder das Flachkissen drehen und Paare neu ordnen.

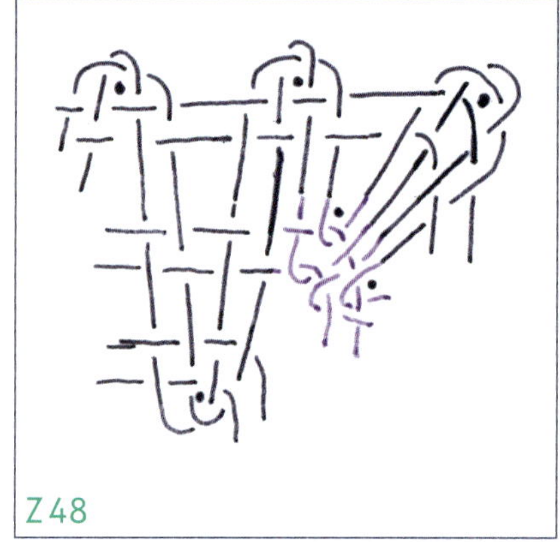

Z 48

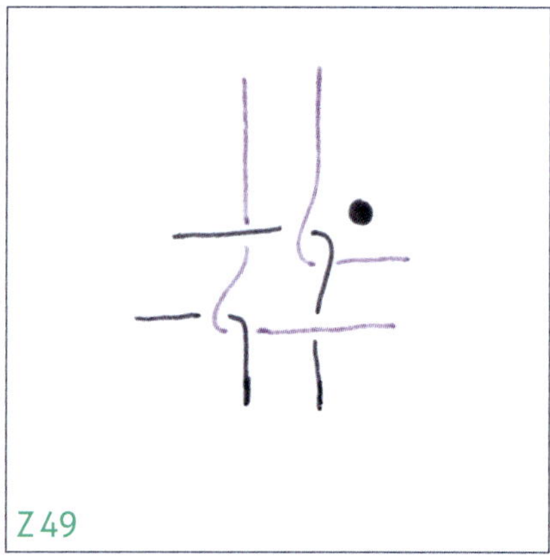

Z 49

WIR BENÖTIGEN:

- Klöppelbrief „Tannenbaum" und dazugehörige Farbcodezeichnung
- 7 Paar Klöppel
- Klöppelgarn: Bockens
- Stecknadeln, Stickschere, Feutrex
- Klöppelpappe, Klebestift, Folie, Papierschere, Nadel und Faden

4. Bis zur ersten Ecke im Leinenschlag klöppeln. Dort im Leinenschlag mit dem mittleren Paar 1 Umkehrschlag klöppeln: Die beiden mittleren Klöppel kreuzen, das linke Paar und das rechte Paar je 2 × drehen, die beiden mittleren Klöppel nochmals kreuzen. **[3]** Die Nadel wie bei der Innennadel stecken. **[4] Z48+Z49**

5. Wiederholen, wenn diese Stelle das zweite Mal erreicht wird. **[5+6]**

6. Auf diese Weise den Baum bis zum Ende arbeiten: Paare wie aus der Farbcodezeichnung ersichtlich gleichmäßig über die Fläche verteilen und an den angegebenen Stellen anhäkeln. Mit je 1 Kreuzknoten beenden.

Wenn du zwei dieser Bäume klöppelst, kannst du sie in der Mittelachse aneinandernähen. So hast du einen richtig schönen räumlichen Baumanhänger. Ich sehe schon deinen Weihnachtsbaum geschmückt mit den neuen Bäumchen ...

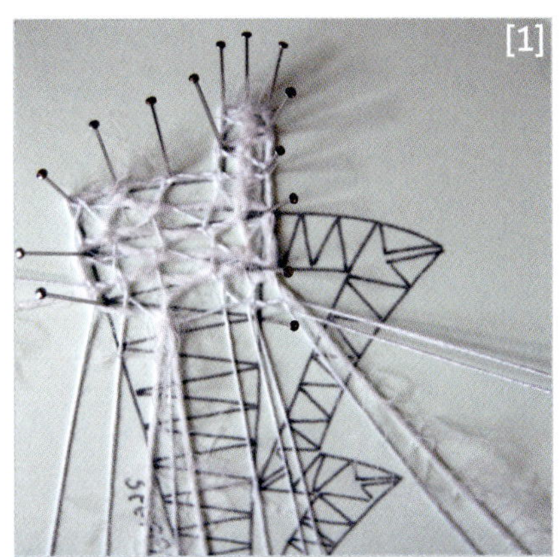

[1]

[2]

[3]

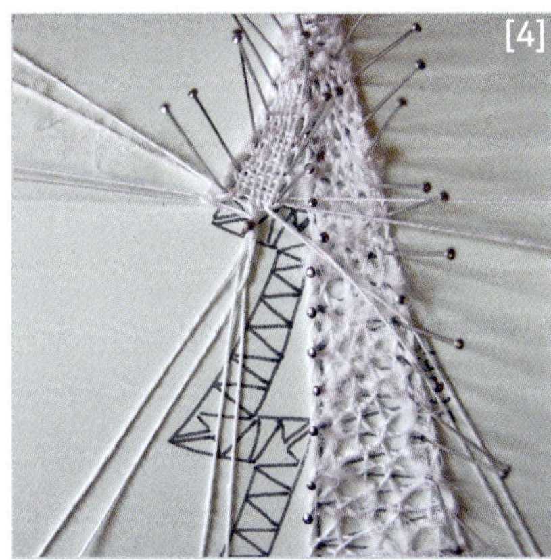

[4]

[5]

[6]

WEITERE PROJEKTE: ERSTE FREIE ARBEITEN

Die nun folgenden Klöppelbriefe sind als „Bonbons" gedacht und erfordern schon ein sicheres Mitdenken und Klöppeln mithilfe der entsprechenden Farbcodezeichnung. Bei deinen ersten freien Arbeiten können dich auch die Fotos unterstützen. Und Charlotte schaut sicher auch ab und zu über die Schulter … Wir wünschen viel Erfolg!

Katrin und Steffi

Hühnchen Lieselotte

Alle tuscheln, alle flüstern,
selbst der Hengst schnaubt
aus den Nüstern,
Osterhase weiß es auch:
Denn das Hühnchen Lieselotte
hat ein goldnes Ei im Bauch.

Schwierigkeitsgrad:

Zeitaufwand:  

Huhn: ca. 94 %, Flügel: ca. 86 %

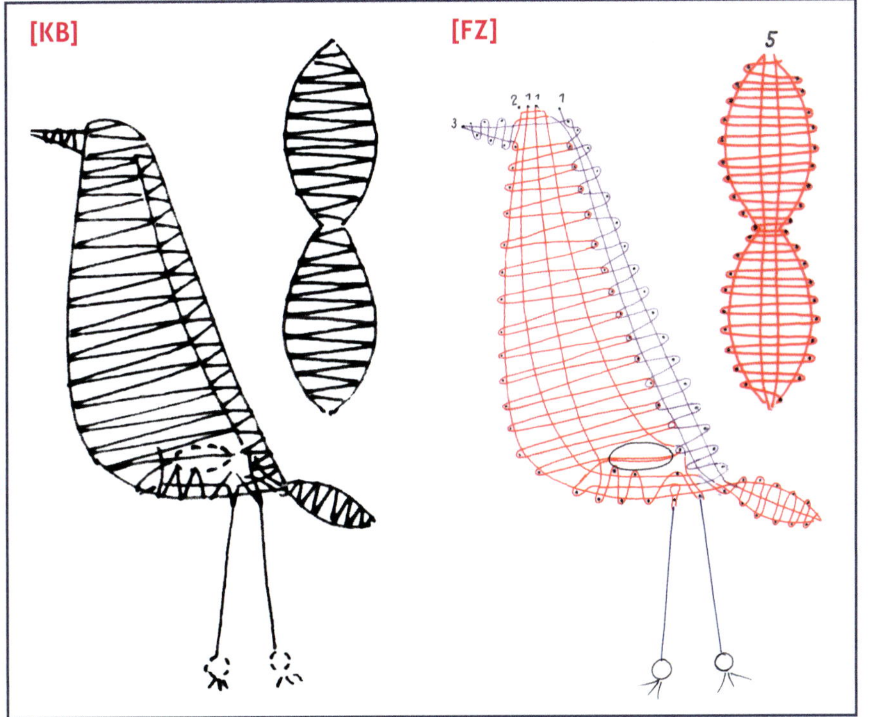

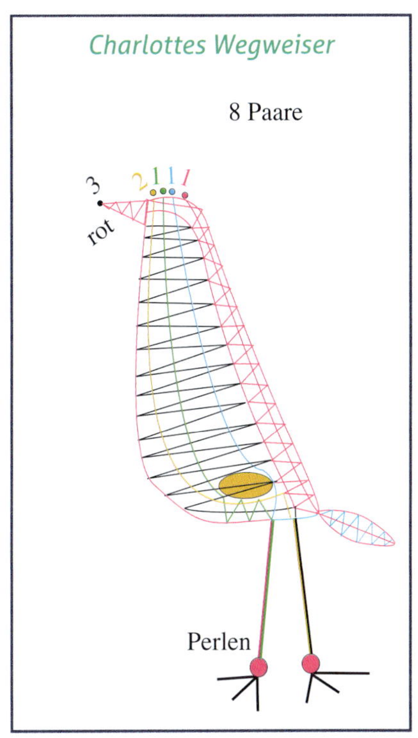

WIR BENÖTIGEN:

- Klöppelbrief „Lieselotte" und dazugehörige Farbcodezeichnung
- Charlottes Wegweiser
- insgesamt 8 Paar Klöppel
  Körper: 4 Paar Rot, 1 Paar Hellgelb, 2 Paar Orange, 1 Paar Ocker
  Flügel: 3 Paar Orange, 2 Paar Rot
- Klöppelgarn: Moravia Leinengarn farbig NeL 40/2 oder Bockens Lingarn 35/2
- Stecknadeln, Stickschere, Vorstecher, Feutrex
- Klöppelpappe, Klebestift, Folie, Papierschere
- durchsichtiges Nähgarn, feine Nähnadel
- 3 Rocailleperlen mit Ø 4 mm: 1 Gold, 2 Rot

UND SO WIRD'S GEMACHT:

Beginn

1. Klöppel einhängen. Die Wahl der Farben ist natürlich Geschmackssache (Vorschlag: am Schnabel 3 Paar Rot, am orangefarbenen Punkt 2 Paar Hellgelb und Orange, am grünen Punkt 1 Paar Ocker mit Knoten und Fransen, am blauen Punkt 1 Paar Orange mit Knoten und Fransen und am roten Punkt

1 Paar Rot mit Knoten und Fransen einhängen). **[1]**

2. Schnabel im Leinenschlag klöppeln.

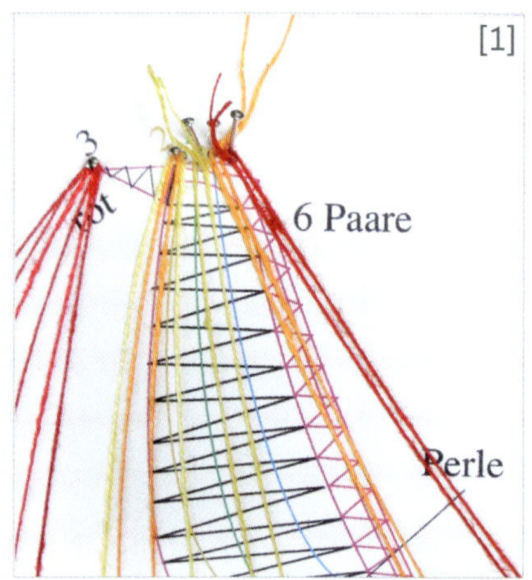

Rumpf

3. Für den Übergang vom Schnabel zum Kopf sowie weiter zum Rumpf entsprechend der Farbcodezeichnung arbeiten. **[2–5]**

4. Wie im Farbcode angegeben bis zum goldenen Ei weiterarbeiten. **[6]**

Bauch mit Ei

5. Orangefarbenes Führpaar im Ganzschlag durch das ockerfarbige Paar führen. Von rechts das rote Führpaar noch mit dem nächsten orangefarbenen Paar im Ganzschlag verbinden.

6. Das orange Führpaar als Schlaufe durch die goldene Rocailleperle ziehen. Das rote Führpaar hindurchstecken. **[7]**

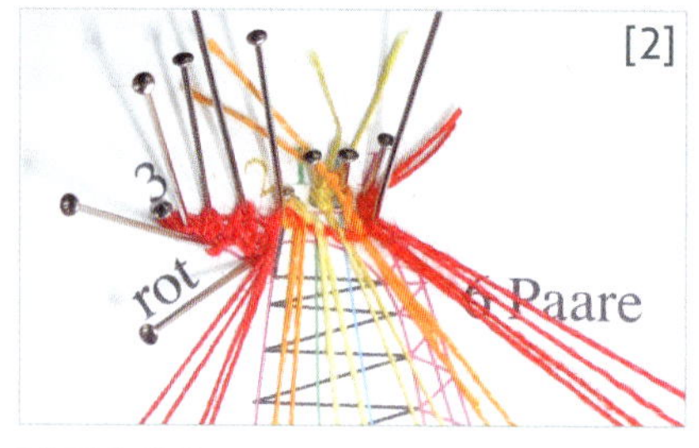

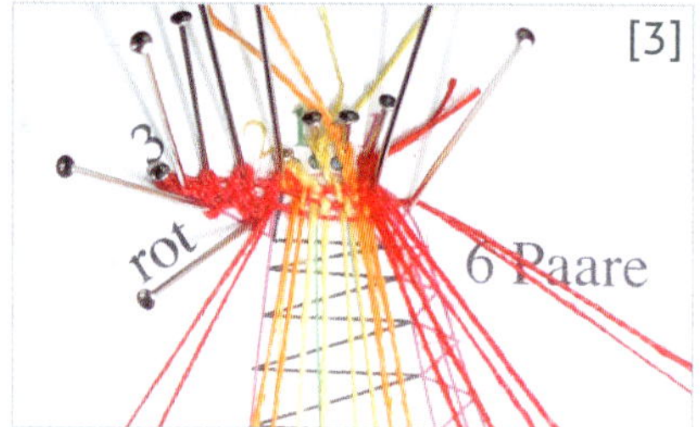

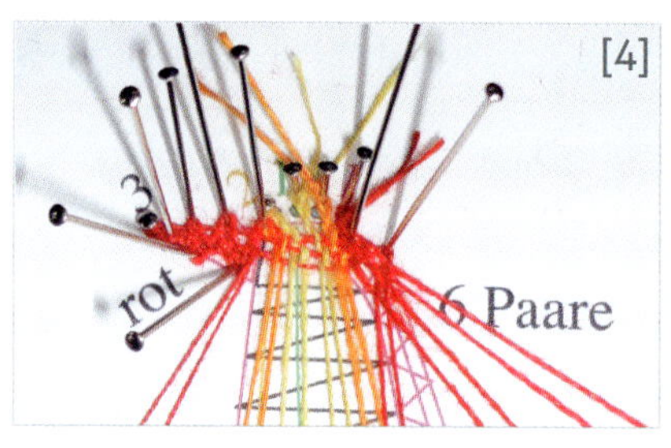

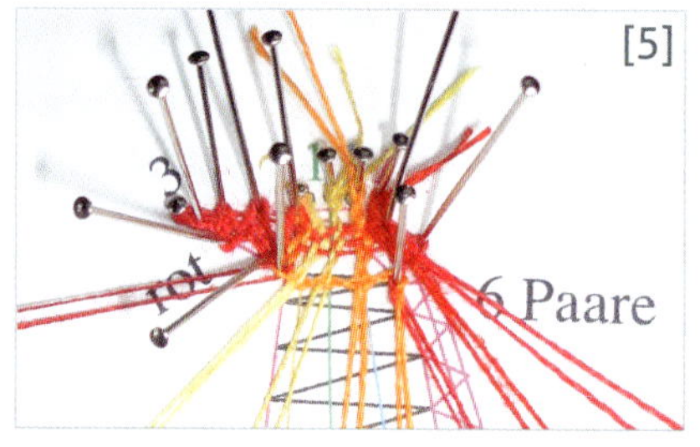

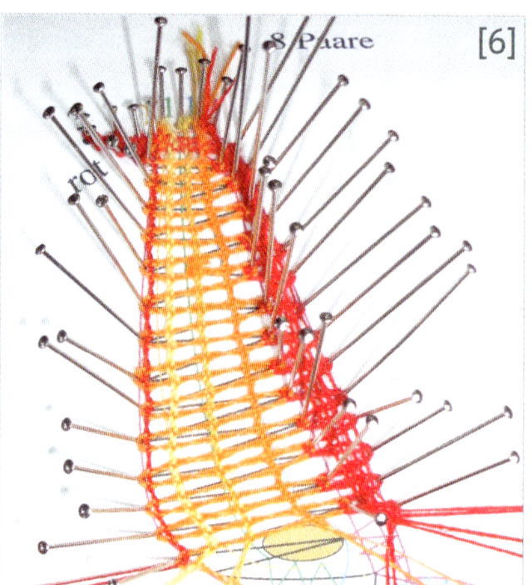

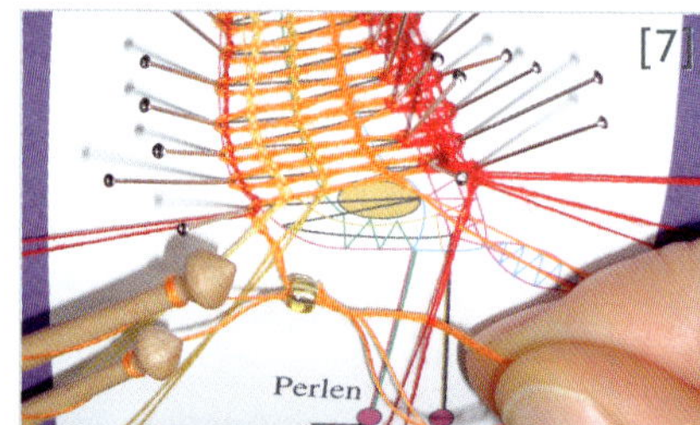

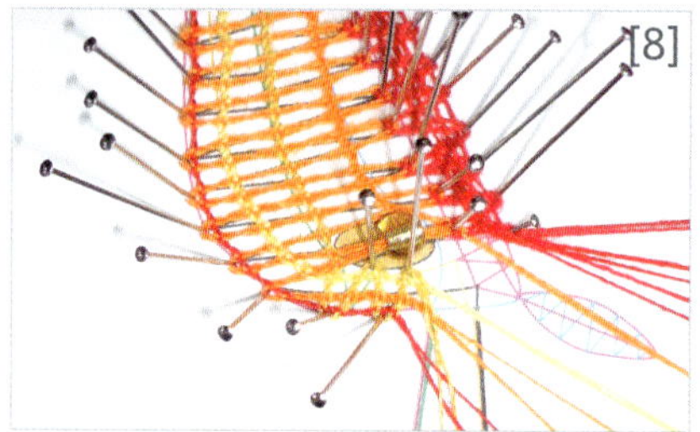

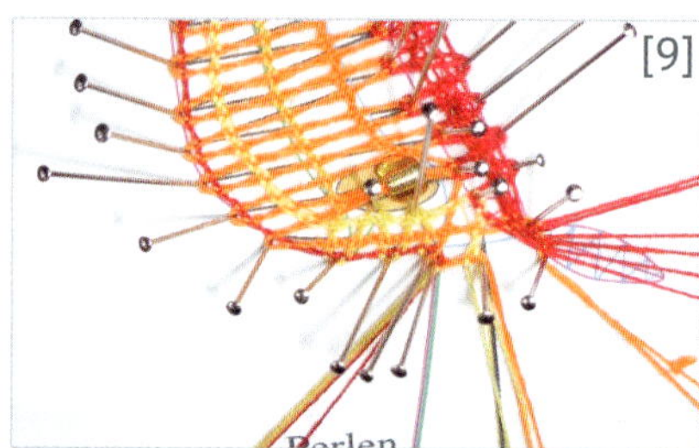

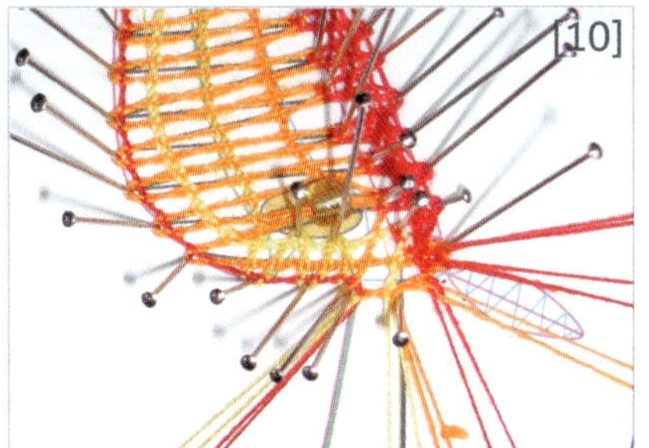
[10]

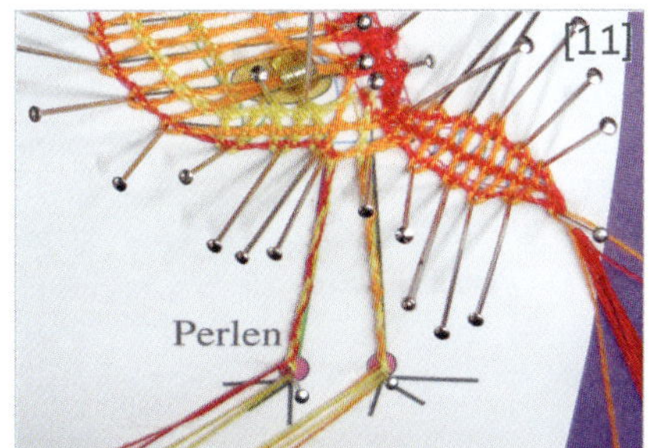

[11]

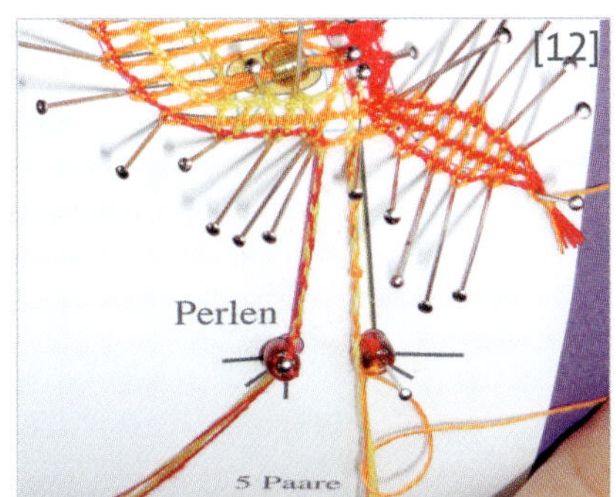

[12]

7. Weiter nach der Farbcodezeichnung arbeiten. **[8–11]**

Das Lesen der Zeichnung klappt bestimmt schon ganz toll! Ich weiß, du schaffst das gut…

Beine

8. Die 4 beiseite gelegten Paare bilden als Flechter die Schlenkerbeine, an denen unten je 1 Perle eingehäkelt wird.

9. Mit 4 bis 6 Knoten abknüpfen **[12]** und mit 1 cm Abstand die Fäden abschneiden. Hühnchen evtl. stärken und Nadeln ziehen.

Flügel

10. Alle 5 Paare mit 1 Schlingknoten zusammenbinden und ca. 1 cm oberhalb des Flügels feststecken. Mit 5 mm Abstand erneut 1 Nadel stecken und 5 Schlingknoten ausführen, bis zum Beginn des Klöppelbriefes. **[13]**

11. Paare in die richtige Reihenfolge legen (1 rotes Paar links außen, 2 orangefarbene Paare in der Mitte sowie 1 rotes und 1 orangefarbenes Paar als Führpaar rechts außen). Flügel im Ganzschlag klöppeln.

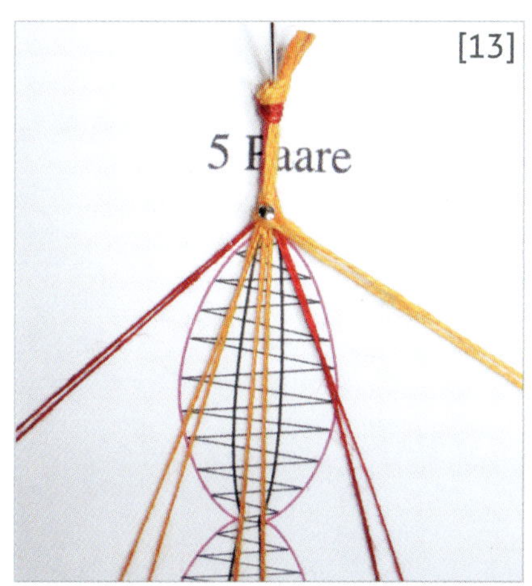

[13]

12. Zum Schluss wieder alle Paare mit 5 Schlingknoten abknüpfen, Fäden mit 5 mm Abstand zu den Schlingknoten abschneiden. Flügel evtl. stärken und Nadeln ziehen.

13. Flügel in der Mitte falten und am Rücken mit unsichtbarem Nähgarn annähen. **[14+15]** Am Kopf ein Fädchen zum Aufhängen befestigen – und fertig!

[14]

[15]

Karussell-pferdchen

*Lieber guter Reitschulmann,
häng noch eine Runde dran –
Karussellfahrn lieb ich sehr
hab' nur keine Münzen mehr!*

Schwierigkeitsgrad:

Zeitaufwand:

[KB]

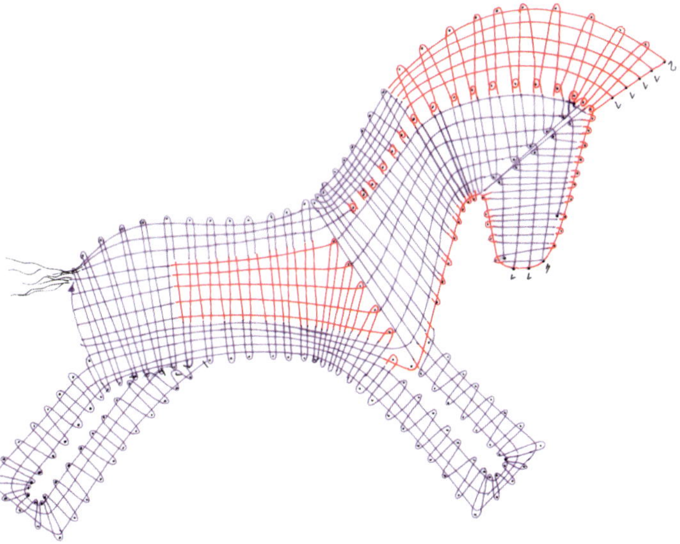

85 %

[FZ]

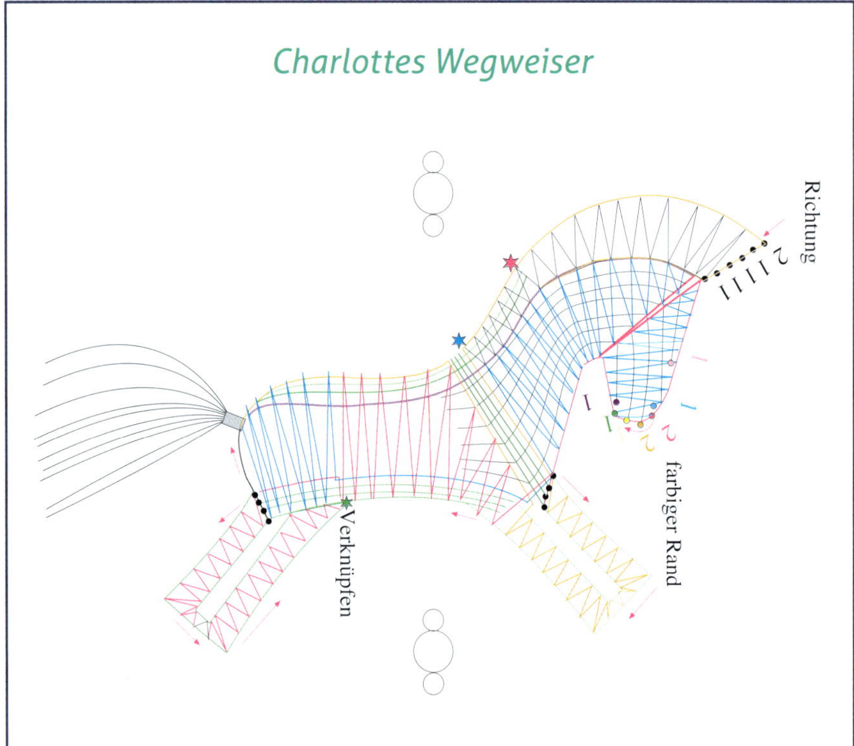

Komplettes Zubehör für dieses Projekt kann bestellt werden: Adresse auf S. 95.

WIR BENÖTIGEN:

- Klöppelbrief „Karussellpferdchen" und dazugehörige Farbcodezeichnung
- Charlottes Wegweiser
- insgesamt 15 Paar Klöppel 2 Paar in heller Farbe für Umrandung, 7 Paar für Körper, 6 Paar für die Mähne
- Klöppelgarn: Moravia Leinengarn farbig NeL 40/2 oder Bockens Lingarn 35/2
- Stecknadeln, Stickschere, Vorstecher, Feutrex
- Klöppelpappe, Klebestift, Folie, Papierschere
- 10 cm Rundstab aus Holz, Ø 2 mm, oder längerer Zahnstocher
- 2 größere Holzperlen, ca. Ø 10 mm
- 4 kleinere Holzperlen, ca. Ø 5 mm
- Leim und 30 cm Faden

☛ UND SO WIRD'S GEMACHT:

1. Am roten Punkt 2 weiße Paare für den Außenrand einsetzen und Ganzschlag ausführen. Das linke Paar wird das linke Randpaar für den Kopf.

2. Am orangefarbenen Punkt 2 farbige Paare für den Kopf einhängen, am gelben Punkt 1 Paar für den Kopf einhängen, am grünen Punkt 1 Paar einhängen (hier mit blauem Farbverlauf).
Jetzt das zweite weiße Paar mit Ganzschlag durch alle Paare führen. **[1]**

3. Umkehrschlag mit dem weißen Paar klöppeln, Nadel ziehen, wieder Nadel zurück in das gleiche Loch stecken und Ganzschlag arbeiten. **[2]**

4. Weiter nach der Farbcodezeichnung arbeiten. Im Kopf an den angegebenen Punkten noch 3 weitere Paare einhängen und mit Leinenschlag einarbeiten.

Hals

5. Ab der inneren Ecknadel bleibt am inneren Rand immer 1 Paar liegen.

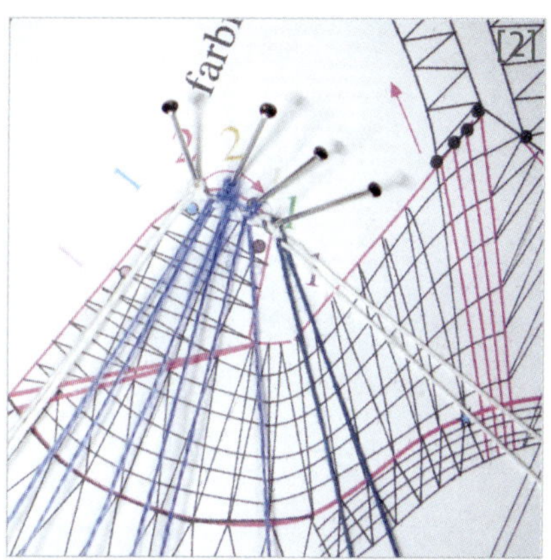

6. Zum Schluss sind nur noch 3 Paare an der Spitze des Kopfes im Einsatz. **[3]**

Mähne und Hals

7. Die 6 Paare für die Mähne einhängen. Eines der beiden linken Paare wird als Führpaar die Mähne gestalten.

8. Am Ende der Mähne mit dem hellen Randpaar vom Kopf 1 zweipaarige Verbindung klöppeln, dann weiterklöppeln nach der Farbcodezeichnung. **[4]**

Zaumzeug

9. Mit dem hellen Randpaar des Kopfes das Zaumzeug arbeiten. Dafür das helle Randpaar im Leinenschlag hin und zurück arbeiten. **[5]**

10. Mit dem letzten dunklen Paar

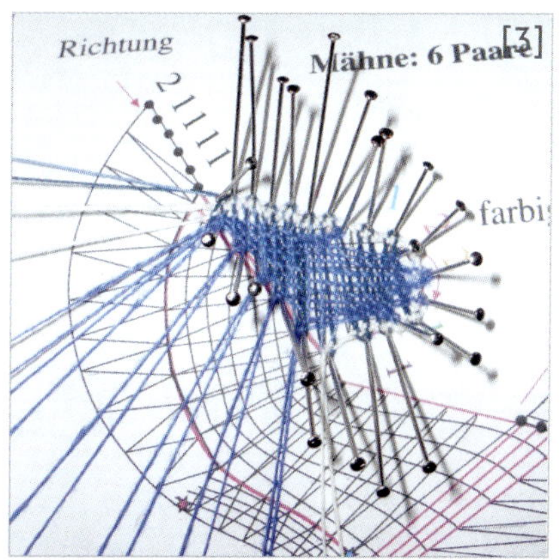

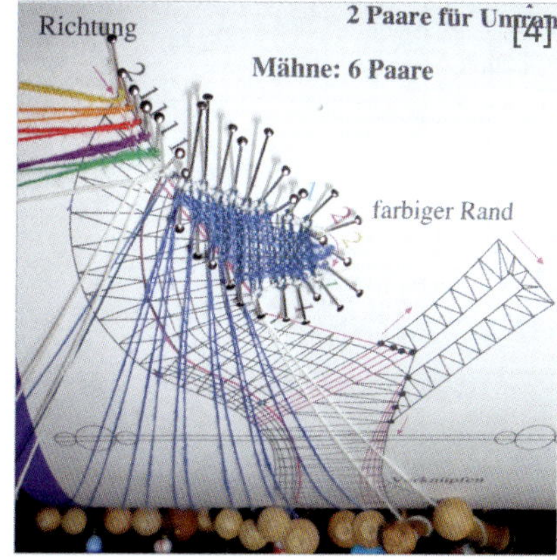

des Kopfes 1 Umkehrschlag arbeiten. Auf diese Weise ist das dunkle Paar wieder das Führpaar und das helle Paar die äußere Begrenzung des Halses.

11. Mit dem dunklen Führpaar wieder den Ganzschlag klöppeln, der die Mähne mit dem Hals verbindet.

12. Hals nach der Farbcodezeichnung arbeiten. **[6]**

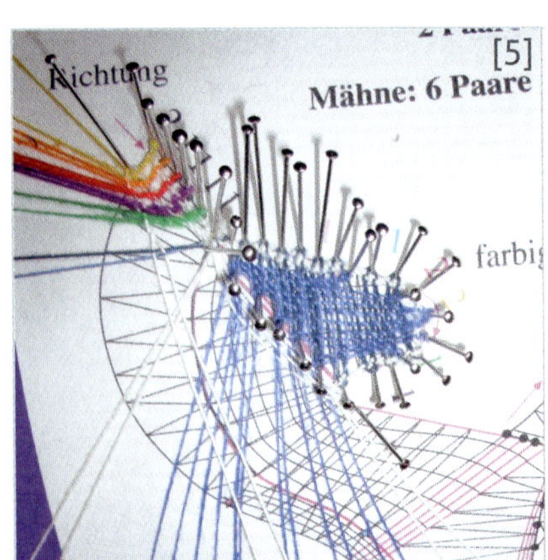

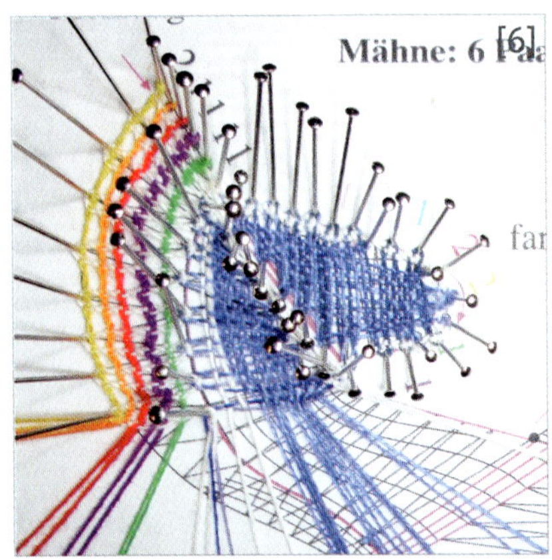

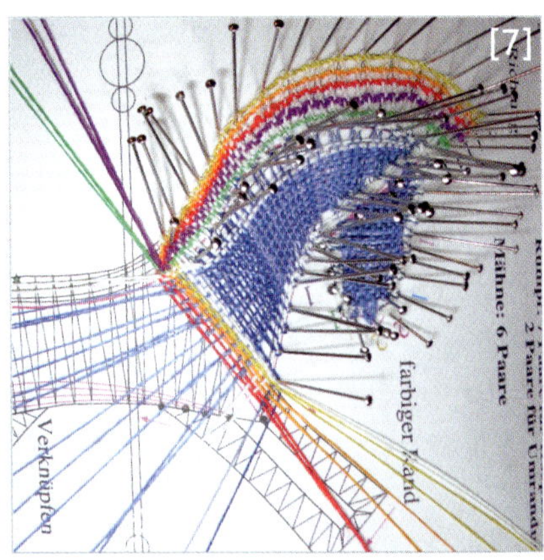

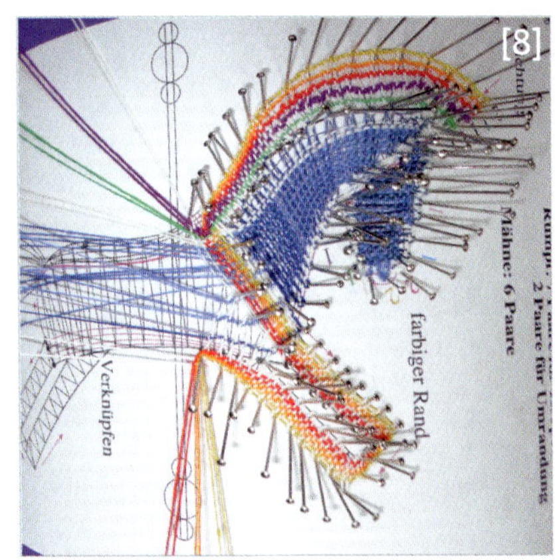

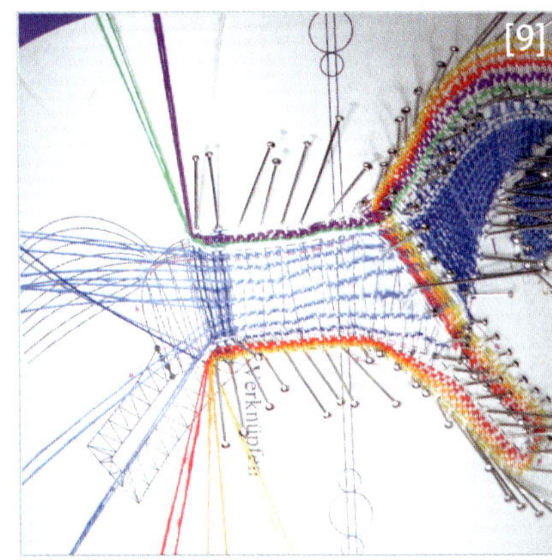

Sattel

13. Am blauen Stern die beiden Führpaare mit 1 zweipaarigen Verbindung verbinden. Nadel darunter setzen.

14. Das Führpaar der Mähne nun im Leinenschlag durch alle Paare hindurchführen, es bildet später die Beine. Weiter nach der Farbcodezeichnung arbeiten, bis 4 Paare quer durch den Körper von der Mähne zu den Beinen gewechselt haben. **[7]**

Vorderbeine

15. Das ehemalige Führpaar der Mähne ist das neue Führpaar für die Vorderbeine. Nach Farbcodezeichnung weiterarbeiten.

Satteldecke

16. Das Führpaar im Bein ist das neue Führpaar für den Rumpf. Paar für Paar die blauen Paare des Rumpfes im Ganzschlag einarbeiten. Weiter nach Farbcodezeichnung. **[8]**

Hinterteil

17. Ab dem grünen Stern das gesamte Hinterteil des Pferdes im Leinenschlag klöppeln. Dafür von rechts durch 1 Umkehrschlag wie-

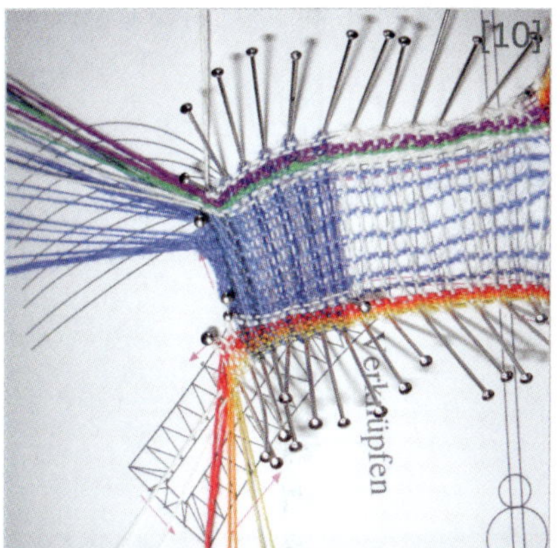

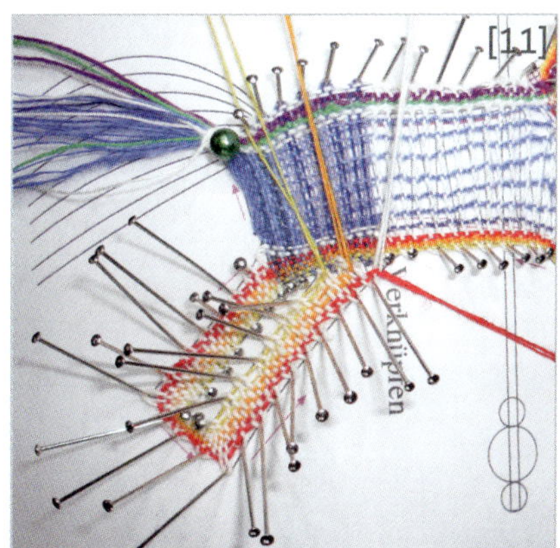

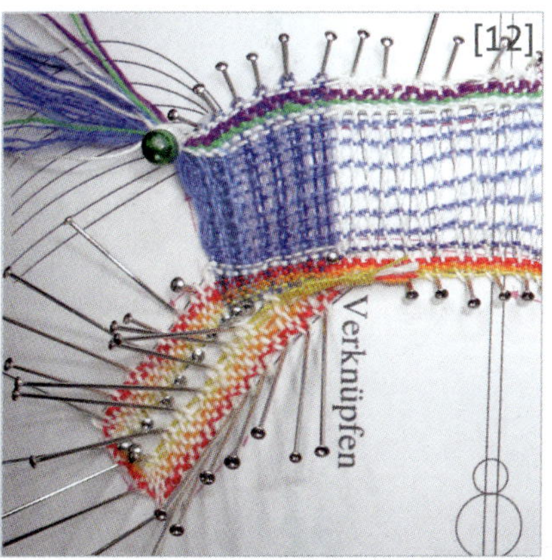

der das vormalige, blaue Führpaar verwenden. Bis zum „Po" des Pferdes arbeiten. [9]

18. Die letzten 4 rechten Paare werden die hinteren Beine. [10]

Schwanz

19. Die 4 Paare auf der linken Seite oben für den Schwanz beiseite stecken. 4 Paare auf der anderen Seite für die Beine weglegen, das nächste Paar von rechts im Leinenschlag Richtung Schwanz führen. Auf diese Weise nacheinander die anderen Paare in Richtung Schwanz zusammenführen.

20. Dann mit 1 Schlingknoten den Schwanz abbinden und die Paare ca. 5 cm abschneiden.

Hinterbeine

21. Nur noch die 4 Paare für die Hinterbeine sind am Klöppelsack. Diese genau wie die Vorderbeine klöppeln [11], nacheinander einhäkeln und am Rumpf verknüpfen. Eng an der Knüpfstelle abschneiden. [12]

Beenden der Arbeit

22. Arbeit stärken, 30 Minuten trocknen lassen, alle Nadeln vorsichtig abziehen.

23. In einem letzten Arbeitsschritt Stäbchen mit Perlen hinzufügen: [13]

24. Perlen in der Reihenfolge kleine Perle – große Perle – kleine Perle an einem Ende des Stäbchens aufleimen. Stäbchen von unten durch das Pferdchen fädeln. [14]

25. Die beiden Enden des Fadens verknoten, durch die kleine Perle ziehen und mit Schlinge befestigen. Jetzt noch einmal kleine Perle – große Perle – kleine Perle mit Faden am anderen Ende des Stäbchens aufleimen – fertig!

Leseratte Annabell

Oma, Opa, Vater, Mutter
bringen Leserattenfutter:
Märchen, Krimis, Fantasy,
Mangas, Comics, Poesie.
Keiner liest so schnell
wie die Annabell.

Schwierigkeitsgrad:

Zeitaufwand:

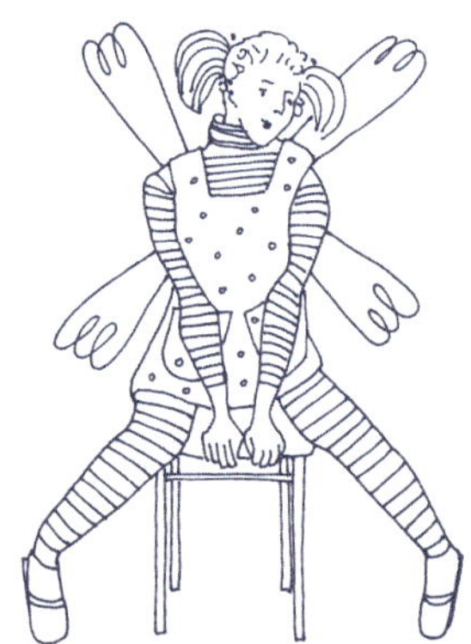

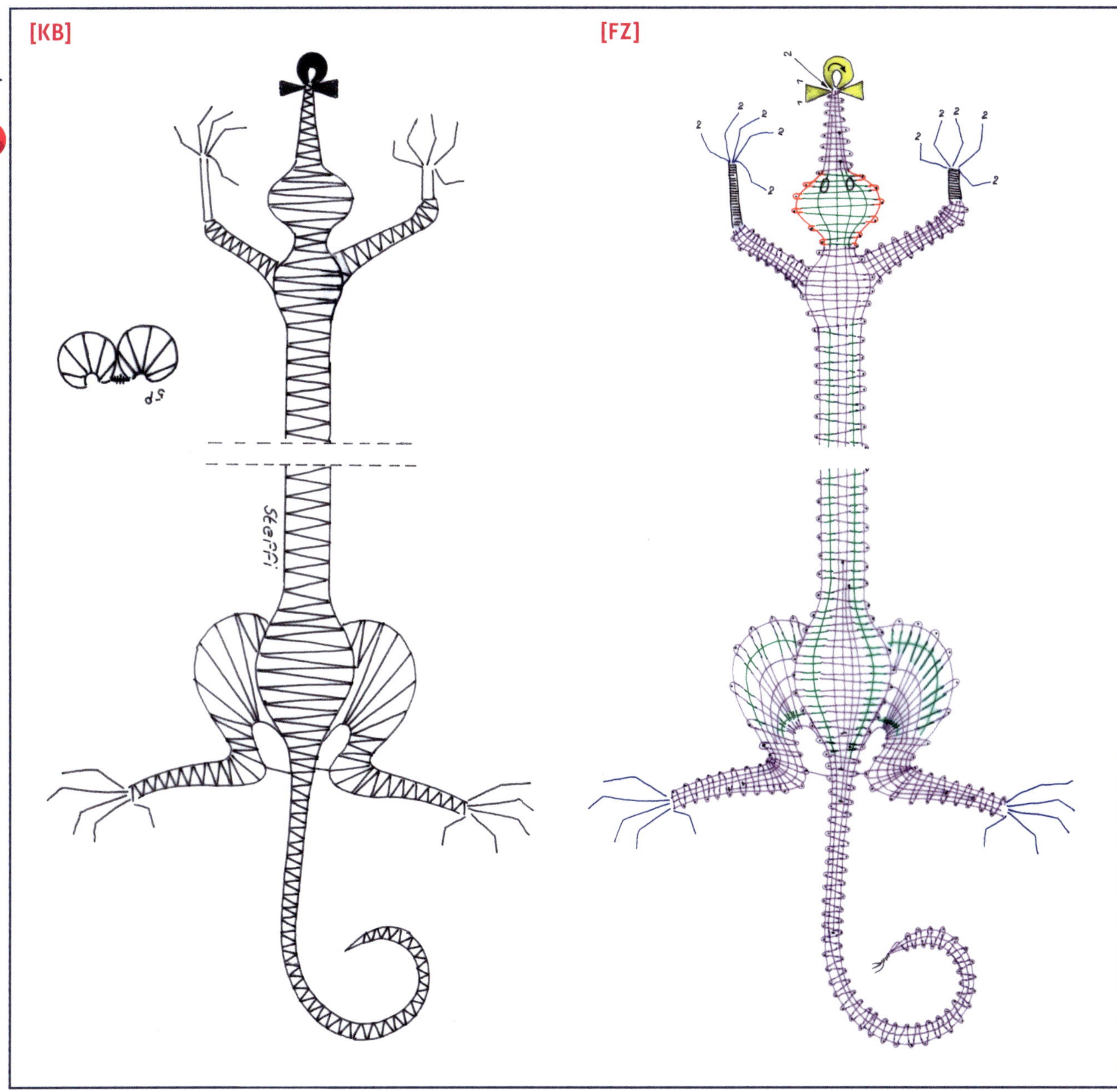
60 %
[KB]
[FZ]
Steffi

WIR BENÖTIGEN:

- Klöppelbrief „Annabell" und dazugehörige Farbcodezeichnung
- 10 Paar Klöppel
- Klöppelgarn: Franks Baumwollgarn NeB 20/3
- Stecknadeln, Stickschere, Feutrex
- Klöppelpappe, Klebestift, Folie, Papierschere

UND SO WIRD'S GEMACHT:

1. Am Schnuppernäschen beginnen. **[1]** Es wird mit 1 Formschlag gearbeitet, kann aber auch mit 1 Flechter sehr gut aussehen.

2. Die beiden Rattenzähne sind dreieckige Formschläge. Sie können aber auch aus Papier aufgeklebt werden. **[2]**

3. Nase und den gesamten Körper bis zur Schwanzspitze in einem Stück arbeiten. **[3]**

4. Vorderbeine an den Zehenspitzen mit je 1 Flechter beginnen. An den Vorderbeinen alle 10 Paare mit Schlingknoten verknüpfen. 4 Paare bilden das kleine Oberärmchen.

5. Hinterbeine an den dicken Oberschenkeln beginnen.

6. 5 Paare bilden die Rattenöhrchen: Mit Paddepootje klöppeln und mit Schlingknoten von einem zum anderen Ohr weiterführen.

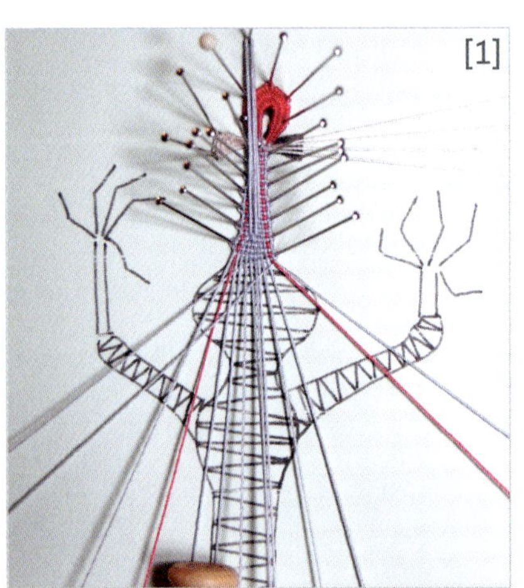
[1]

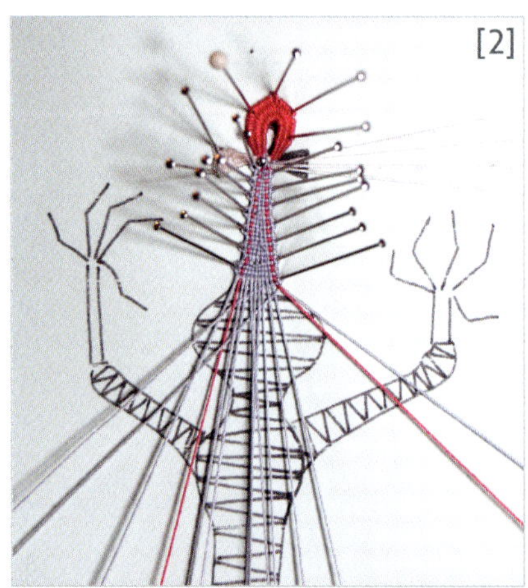
[2]

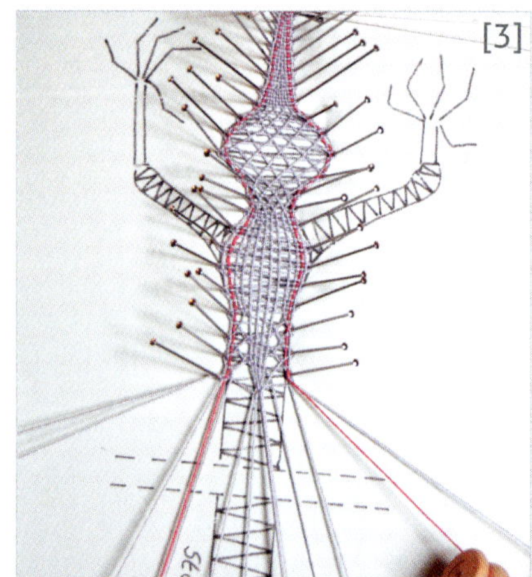
[3]

Frosch Richard Quak

Der Blattfrosch Richard Quak studiert den ganzen Tag, weiß immer alles besser, genau wie ein Professor – belehrt sogar die Flöhe, das ist ja wohl die Höhe!

Schwierigkeitsgrad:

Zeitaufwand:

WIR BENÖTIGEN:

- Klöppelbrief „Richard" und dazugehörige Farbcodezeichnung
- 15 Paar Klöppel
- Klöppelgarn: Franks Baumwollgarn NeB 20/3
- Stecknadeln, Stickschere, Feutrex
- Klebestift, Folie, Papierschere
- ovale Wackelaugen

55 %

[KB]

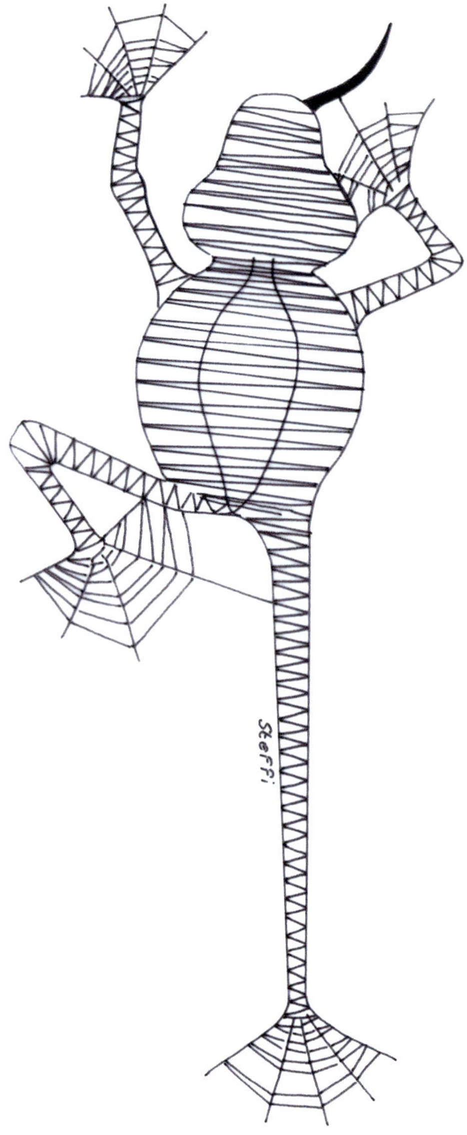

Steffi

[FZ]

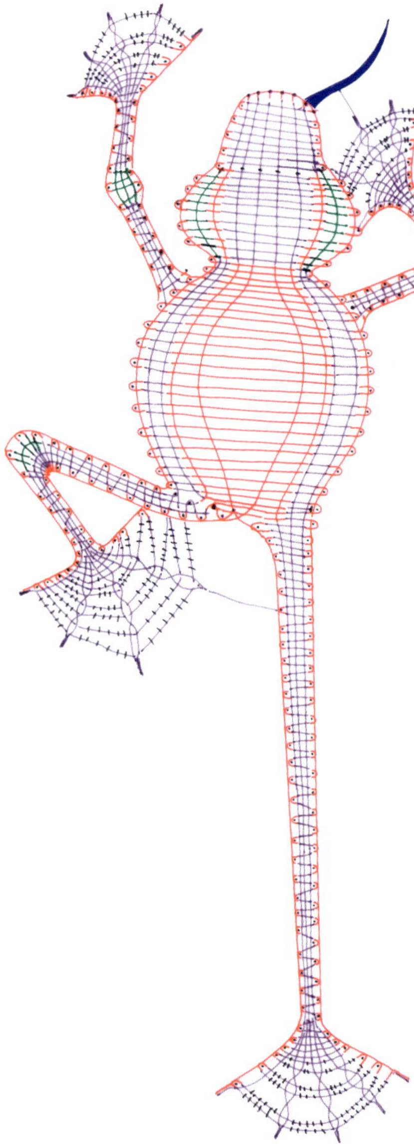

☛ UND SO WIRD'S GEMACHT:

1. Die lange Zunge des Froschs mit dem Venezianischen Flechter klöppeln. Am Mäulchen 7 Paare dazunehmen. **[1]**

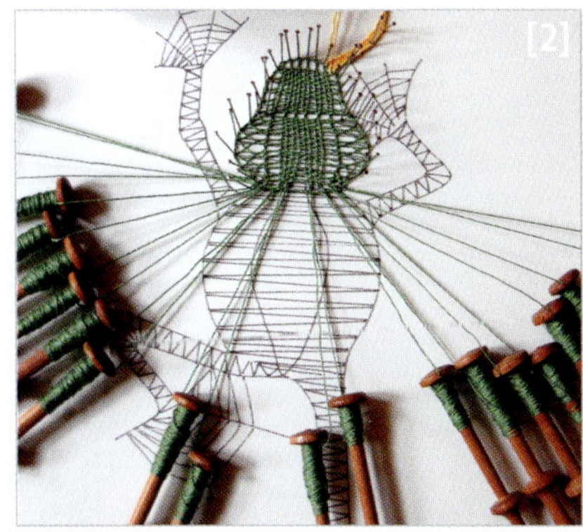

2. Für die dicken Backen werden noch einmal 2 Paare benötigt, ebenso für den Bauch. **[2]**

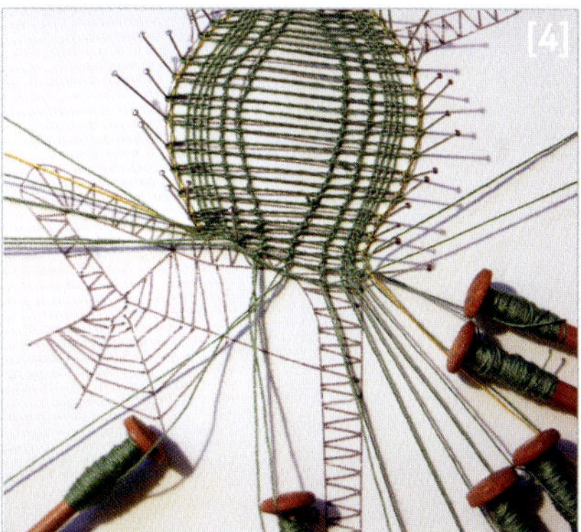

Für den dicken Froschbauch in der Mitte nach Empfinden das Führpaar drehen.

3. Das Bauchende genau von der Farbcodezeichnung ablesen. **[3+4]**

4. Für die Froschfüße werden 4 Paare zusätzlich benötigt. **[5+6]**

5. Das eingeknickte Knie wird wieder mit Paddepootje geklöppelt.

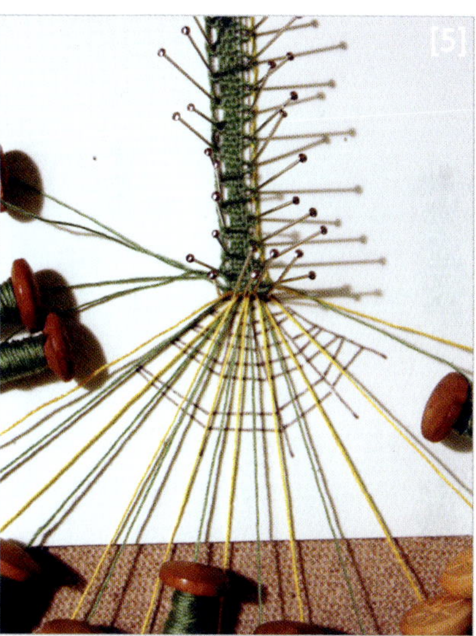

Charlottes Klöppelnotdienst

A. Wie kann ich einen Faden verlängern oder kürzen?

Der Faden muss länger werden: Halte den Klöppel mit dem Kopf nach links und drehe ihn nach unten. **Z 50** Dabei musst du den Faden straff halten. Drehe so lange, bis nach deinem Gefühl wieder die richtige Länge erreicht ist. Wenn du den Klöppel senkrecht hältst, ist der Faden wieder straff.

Der Faden muss kürzer werden: Wenn der Faden zu lang geworden ist, halte den Klöppel wieder mit dem Kopf nach links, ziehe am Faden nach den beiden Schlaufen **Z 51**. Es entsteht eine Schlinge. Nun drehe den Klöppel nach oben, bis die gezogene Schlinge aufgewickelt ist. Das so oft wiederholen, bis der Faden die gewünschte Länge hat. **Am leichtesten arbeitet es sich mit gleich langen Klöppeln!**

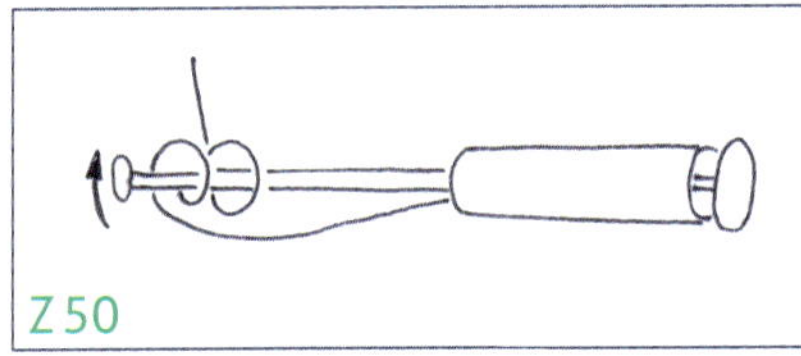

Z 50

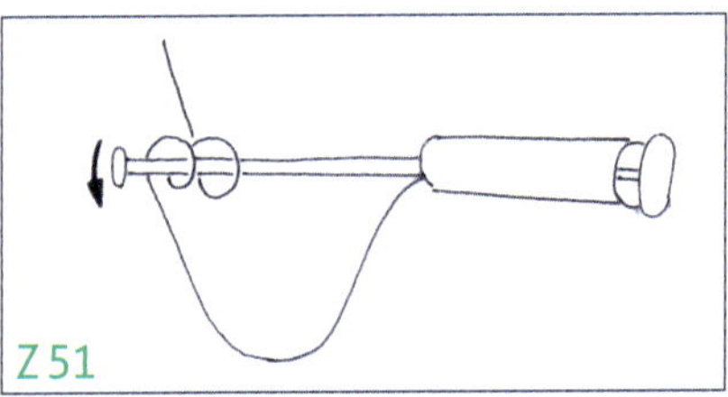

Z 51

B. Hilfe, der Faden ist gerissen!

Das Wichtigste: Ruhe bewahren!

1. Lege das Ende des abgerissenen Fadens am Klöppel zu 1 Schlaufe. **Z 52**

2. Durch diese fädelst du vorsichtig das abgerissene Endstück **Z 53**

3. Nun die Schlaufe zuziehen. Achte darauf, dass sich die Fadenenden verschlingen können. Der Knoten ist fest. Erst einmal durchatmen und dann weiterklöppeln.

4. Der Knoten will einfach nicht halten? Gut, der Klügere gibt nach. Wir klöppeln ein Stück zurück. Das Fadenende wird länger und es ist einfacher, die Enden mit dem Knoten zu verbinden.

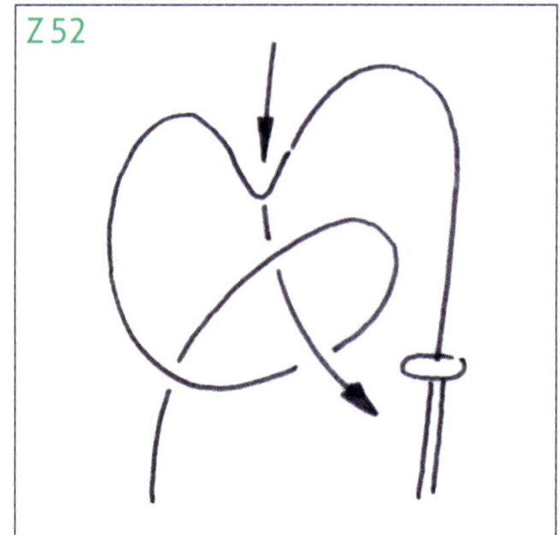

Z 52

Z 53

C. Ich soll Paare mit einem Kreuzknoten beenden. Was ist das?

Das ist ein Knoten, bei dem sich die Fadenenden miteinander verschlingen sollen.

1. Halte den rechten Klöppel waagerecht in der rechten Hand.

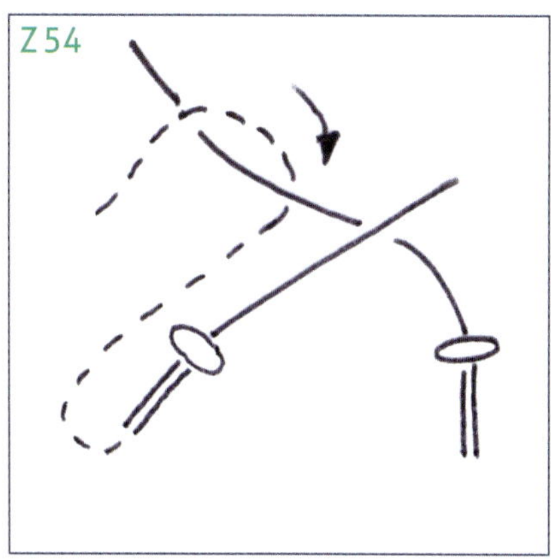

Z 54

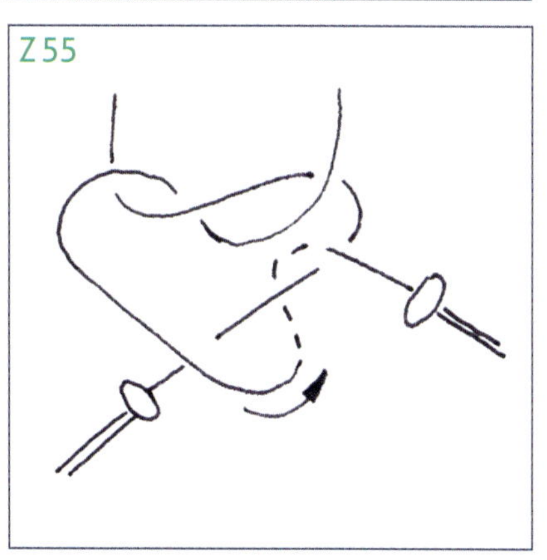

Z 55

2. Der linke Klöppel liegt über dem rechten Klöppel. Z 54

3. Er wandert nun unter dem rechten Klöppel, aber über dem Faden des rechten Klöppels, nach hinten.

4. Diesen Vorgang wiederholst du noch einmal. Z 55

5. Fertig ist dein Knoten, du kannst die Enden der Fäden kurz abschneiden.

D. Ich soll anhäkeln. Wie geht das?

Es gibt mehrere Gründe und Möglichkeiten, anzuhäkeln. Drei davon möchte ich dir hier erklären.

Das Befestigen eines Paares an einer Öse

1. Du fährst mit der Häkelnadel durch die Öse. Z 56+57

2. Den unteren Faden des anzuhäkelnden Paares fasst du vorsichtig mit der Häkelnadel.

3. Nun ziehst du den Faden durch die Öse. Dabei liegt der Häkelhaken nach unten. Du musst darauf achten, dass du auch den gesamten Faden erwischt hast. Wenn du glaubst, es ist nicht der gesamte Faden, gehe wieder zurück. Dann versuche es noch einmal.

4. Jetzt ist es geglückt und der Faden liegt als Schlaufe auf der anderen Seite.

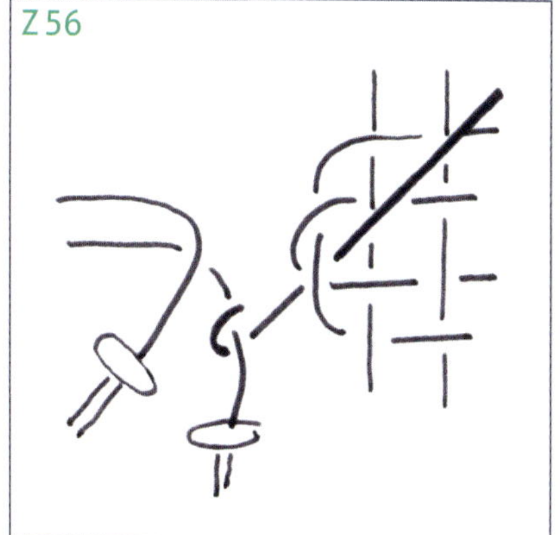

Z 56

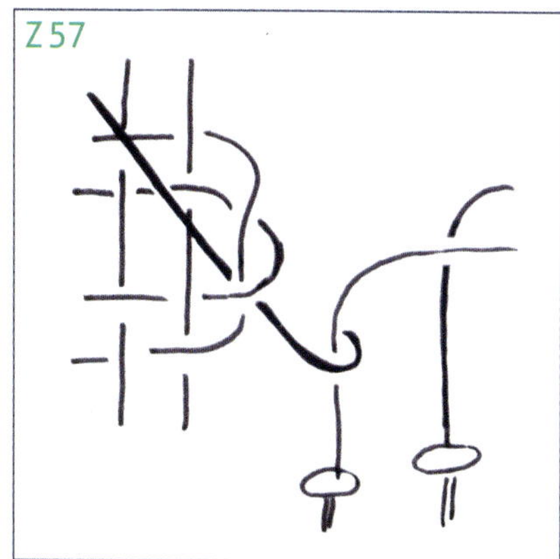

Z 57

5. Durch diese Schlaufe stecken wir den anderen Klöppel. **Z 58+59**

6. Nun noch die Schlaufe festziehen. Fertig!

Das Befestigen eines Paares an einem Steg
Wenn wir eine Innennadel arbeiten, erhalten wir keine Öse. Es bilden sich vielmehr ein oberer und ein unterer Steg. An diesen befestigen wir das anzuhäkelnde Paar.

Z 58

Z 59

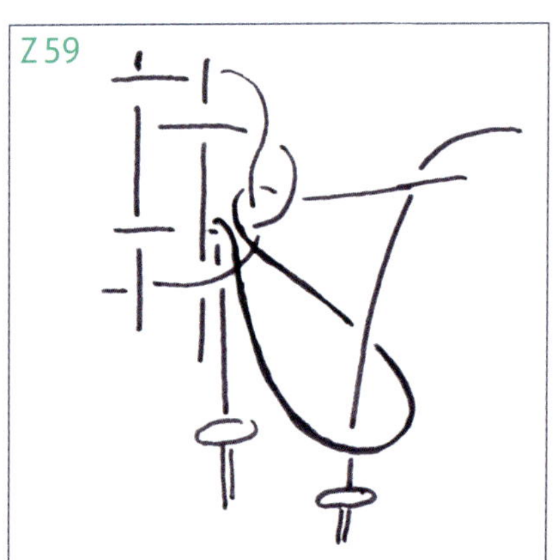

1. Wenn wir am oberen Steg einhäkeln möchten, müssen wir von oben mit der Häkelnadel einfädeln. **Z 60**

Z 60

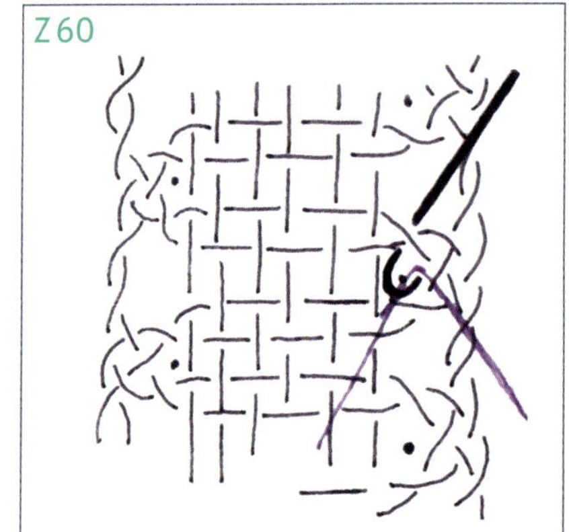

Z 61

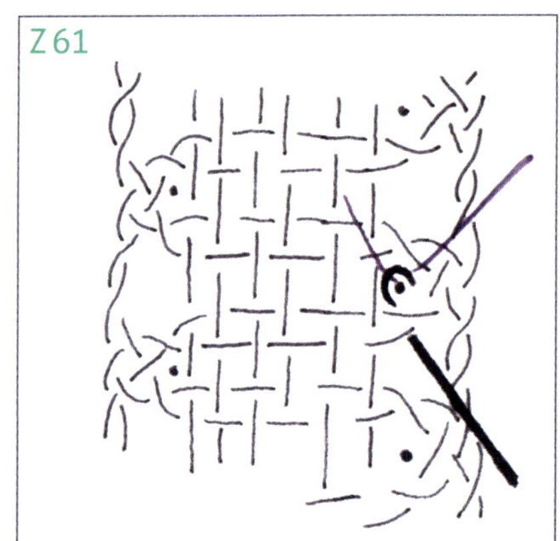

2. Bietet sich der untere Steg an, fahren wir von unten unter diesem entlang. **Z 61**
Das Anhäkeln erfolgt wie bei der vorherigen Variante mit Öse.

Arbeit beenden und dafür den Anfangspunkt mit dem Endpunkt verbinden
Zuerst ist hier zu sagen, dass Führpaare nicht angehäkelt werden. Das ist ja auch gut: schon mal ein Paar weniger!

1. Der erste Schritt für das Beenden ist immer das Sortieren der Paare. Sie sollten so liegen, dass sie gleichmäßig verteilt sind. In der Regel hat jedes Paar 1 Anfangsnadel. Nur leider ist das nicht immer der Fall. Dann müssen ein-

Z 62

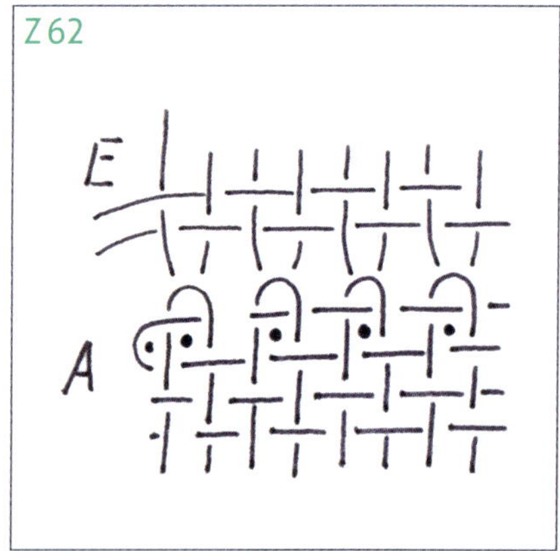

fach die Paare gleichmäßig über die Fläche verteilt und ggf. auch einmal 2 Paare an 1 Nadelpunkt befestigt werden. **Z 62**

2. Nun beginnt das eigentliche Anhäkeln. Dafür verwendest du immer den linken Faden. **Z 63**

Beim Anhäkeln von Ganz- und Halbschlagpaaren musst du an der Rolle die Paare erst einmal drehen und dann den linken Faden benutzen.

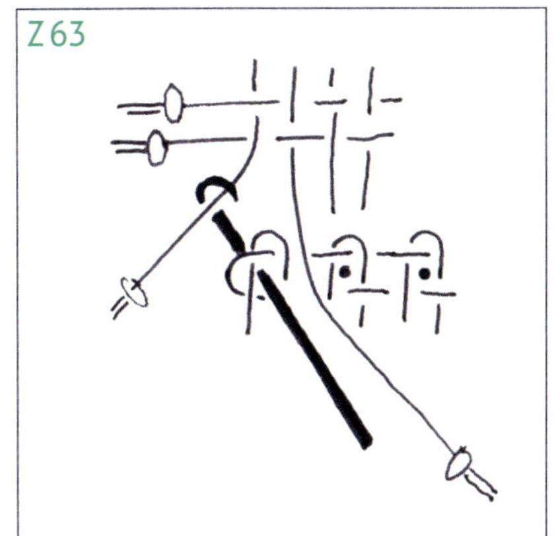

Z 63

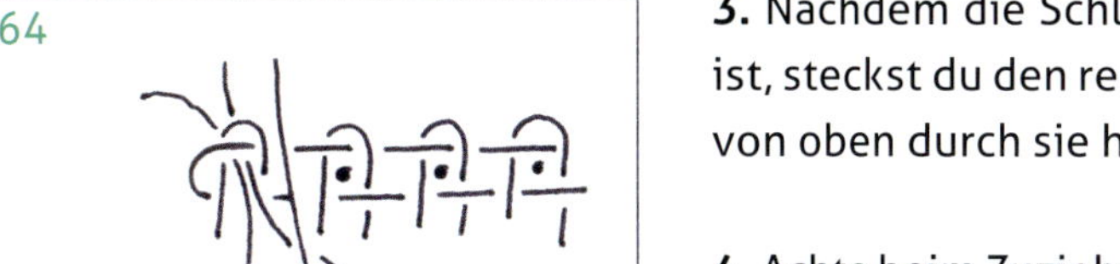

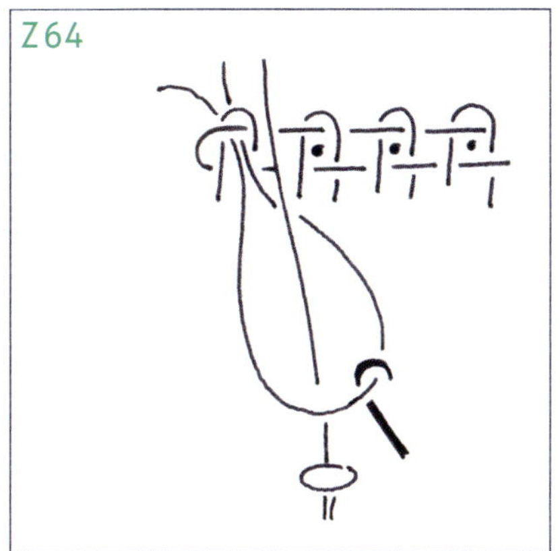

Z 64

3. Nachdem die Schlaufe gezogen ist, steckst du den rechten Klöppel von oben durch sie hindurch. **Z 64**

4. Achte beim Zuziehen der Schlaufe darauf, dass sich die Fäden nicht verdrehen. Nun kann verknüpft werden!

Adressen

Zubehör (Papierstrick, Garne sowie komplette Tütchen mit Zubehör für die Projekte) sowie natürlich Beratung bei Fragen zum Buch erhalten Sie bei den Autorinnen:

☛ **Steffi Schmat:**
steffischmat@gmx.de
Tel. +49 (0)3772 - 22752

☛ **Katrin Baumann:**
katrin.baumann@kidsparadies.de
Tel. +49 (0)37349 - 7556
www.katrinbaumann.de

Steffi Schmat bietet regelmäßig Klöppelkurse für Anfänger und Fortgeschrittene an – einfach nachfragen!

DIE MACHERINNEN DIESES BUCHES

Katrin Baumann (im Foto re.) und Steffi Schmat (einige Jahre erzgebirgische Klöppelkönigin, im Foto li.) studierten gemeinsam an der Fachhochschule für Angewandte Kunst Schneeberg. Beide verbindet die Liebe zum Klöppeln und das Weitergeben alter textiler Techniken an Kinder und Erwachsene im Erzgebirge und darüber hinaus. Sie erleben beinahe täglich, wie das alte Kunsthandwerk die Herzen von Jung und Alt höher schlagen lässt und sich wieder steigender Popularität erfreut.

Kathleen Busies ist Fotografin in Leipzig und hat unter anderem bei Neo Rauch (Malerei) und Tina Bara (Fotografie) an der Hochschule für Grafik und Buchkunst in Leipzig das Diplom für Bildende Kunst erworben. Ihre Fotos haben bereits mehrere Bücher unseres Verlages zu etwas ganz Besonderem gemacht. *www.kathleenbusies.de*

Ebenfalls in der Reihe „Mach mit!" erschienen:

Mach mit!

Hai Nguyen
Häkeln wie die Weltmeisterin
90 S., farbig, gebunden
ISBN 978-3-89798-465-3

Tanja Osswald
Mein gehäkelter Kuschelzoo
88 S., farbig, gebunden
ISBN 978-3-89798-510-0

Constanze Derham
Neues Leben für alte Kleider
88 S., farbig, gebunden
ISBN 978-3-89798-482-0

Heike Becker
Makramee – dekorativ und schön
88 S., farbig, gebunden
ISBN 978-3-89798-524-7

Brigitte Ettmann
Handarbeitsspaß mit Kindern
104 S., farbig, gebunden
ISBN 978-3-89798-445-5